COLLECTION
FOLIO/ESSAIS

Jean-Marie Donegani
Marc Sadoun

La démocratie imparfaite

Essai sur le parti politique

Gallimard

Jean-Marie Donegani est professeur à l'Institut d'études politiques de Paris et directeur de recherche au CNRS (centre d'étude de la vie politique française).

Marc Sadoun est professeur des Universités à l'Institut d'études politiques de Paris.

INTRODUCTION

Comment assurer la considération des opinions contraires dans un espace politique défini par la recherche de l'unité, du bien commun ou de l'intérêt général ? Comment concilier le relatif que suppose la reconnaissance de l'Autre et l'absolu auquel aspire toute conception de l'organisation politique ? Les Anciens opposaient le bien au mal, les Modernes privilégient la confrontation de la tradition et de la nouveauté, de la réaction et du progrès, mais qu'elle s'organise sur le critère de la morale ou sur des lectures différentes du temps, la compétition se caractérise toujours par l'exclusion et le refus de l'Autre.

Si elle est le plus souvent définie par référence au pluralisme, la démocratie moderne ne marque pas, sur ce point essentiel, de rupture décisive avec la pensée classique. D'abord attachée à la recherche du meilleur régime, celle-ci ne connaissait pas le relativisme qui imprègne la théorie politique moderne, elle prenait parti dans la vie politique, elle ne repoussait pas le jugement de valeur. Un tel engagement n'interdisait sans doute ni l'utopie radicale ni la parole absolue, mais par son attention au sens commun, à l'opinion de chacun, au débat contradictoire, il ouvrait d'abord sur un arbitrage informé. La décision du savant supposait et prolongeait la délibération politique ; la sagesse ne se concevait pas sans *phronesis*, sans prudence et sens pratique. Aristote, plus que tout autre, le vérifiait quand il proposait sa typologie des régimes politiques. Pour lui, le meilleur régime devait associer de manière idéale le commandement mesuré et l'obéissance consentie. Pourtant il n'y avait pas pour lui de solution définitive et exclusive, l'essentiel étant d'assurer une conciliation des revendications contraires et également légitimes : celles du pauvre et celles du riche, celles de la multitude et celles des catégories supérieures. L'essentiel était de retrouver dans le compromis la coexistence des diverses parts de la cité. N'est-ce pas d'ailleurs ce que suppose l'idée même d'une pluralité des régimes ? Concevoir des modes différents d'organisation politique, c'était pour Aristote reconnaître que toute cité renferme une pluralité d'éléments, des inégalités de naissance, de fortune et de vertu que le politique, quels que soient ses fondements, a toujours pour mission d'exprimer et de recomposer. Au-delà des différences qui sur ce point marquent le rationalisme classique[1], l'essentiel est

1. En particulier, on ne retrouve pas chez Aristote la rupture que Platon pose entre l'Idée et la réalité et il ne peut donc y avoir pour lui de régime par nature supérieur, où puisse se réaliser le modèle absolu de la cité. Si la distinction que Leo Strauss opère entre les Anciens et les Modernes à partir de la question du relativisme apparaît féconde, on ne peut totalement le suivre dans la lecture unificatrice qu'il donne sur ce point du rationalisme classique. L. Strauss, *La renaissance du rationalisme politique classique*, trad. fr., Paris, Gallimard, 1993 (1re éd. 1989).

qu'alors la société ne peut se concevoir dans l'ignorance des parties qui contribuent à constituer le tout.

Or sur ce point, la théorie politique moderne ne marque pas une avancée décisive. Machiavel a certes introduit une nouvelle compréhension du pluralisme en envisageant l'idée d'une pluralité des finalités : mettant en regard l'éthique chrétienne et la morale du monde païen, il a, comme l'a bien vu Isaiah Berlin[1], souligné l'incommensurabilité de ces deux absolus et, par là même, il a ouvert la voie à la tolérance qui suppose une reconnaissance des limites de son propre absolu. A-t-il ainsi innové de manière radicale, comme le soutient Berlin ? Il a mis en doute l'existence d'un critère universel, il a refusé l'idée que puisse s'affirmer une société parfaite, mais Aristote avait déjà affirmé la coexistence des biens inégaux tout en concevant, il est vrai, l'idée d'un bien commun permettant la communication entre les différentes parties de la cité. Surtout, Machiavel n'a pas inauguré une tradition ferme de reconnaissance du pluralisme. Après lui, ne s'est pas affirmée de manière univoque une pensée de la tolérance et de la diversité ; bien au contraire, au moment où étaient consacrés les droits de l'individu et les principes d'universalité et d'égalité, s'imposait l'idée que cette égalité même pouvait être l'obstacle sur lequel butait la pleine affirmation du multiple.

C'est le paradoxe sur lequel ce livre se propose de réfléchir : la démocratie, cette autre manière de dire le pluralisme, est toujours tendue vers la recherche de

1. I. Berlin, *À contre-courant. Essai sur l'histoire des idées*, trad. fr., Paris, Calmann-Lévy, 1988, p. 88-143 (1re éd. 1968-1978).

l'unité. Avant que s'affirment les conceptions modernes de la démocratie, Hobbes le premier l'a souligné en contestant la possibilité d'un dialogue dans une société fondée sur l'équivalence des opinions. L'individu est d'abord animé par la passion du pouvoir [1] ; ayant exclu du débat public les prétentions de l'Église à dire le bien, il est libre d'opposer aux égales revendications de ses pairs sa propre prétention au pouvoir. Par là même, il disqualifie non seulement la volonté des autres mais aussi sa propre exigence et accepte d'abandonner au souverain le pouvoir absolu qui seul peut imposer la paix des égaux. Quand les citoyens ne se distinguent plus, ils sont nécessairement enfermés dans le cercle sans fin de la confrontation des intérêts particuliers qui ne trouve son issue que dans l'arbitrage d'une parole supérieure, celle du Léviathan chez Hobbes, celle de la volonté générale chez Rousseau, celle de la majorité tyrannique chez Tocqueville.

Pas plus que les Anciens, les Modernes n'ont résolu une équation qui était pourtant une donnée essentielle de leur construction intellectuelle. Quelle responsabilité portent-ils dans cet échec ? Le détour que l'on vient d'opérer par la philosophie classique ne saurait évidemment suffire à éclairer la question : la dialectique de l'Un et du multiple est au cœur de la pensée politique ; elle appelle une attention à la théologie et, au-delà du débat des idées, un regard sur les institutions et les représentations des acteurs. Elle oblige

1. Sur l'opposition entre les conceptions d'Aristote et de Hobbes, cf. P. Manent, *La cité de l'homme*, Paris, Fayard, 1994, p. 242-254.

aussi à trouver un terrain ferme d'expérimentation : le pluralisme est une belle idée qui trouve chaque jour ses limites dans la confrontation mal accordée des opinions. Il bute à vrai dire en démocratie sur la place tellement incertaine, tellement contestée qu'il laisse aux partis politiques. On ne le remarque pas assez : le parti n'a jamais gagné la légitimité dont se pare la démocratie. Expression nécessaire du pluralisme, il passe pour une pièce encombrante qui grippe le libre jeu des institutions ; lieu d'articulation de la société civile et de la société politique, il apparaît comme une société close, où les intérêts privés priment sur les considérations publiques ; ouverture sur une participation active du citoyen au jeu politique, il semble aggraver la coupure entre gouvernants et gouvernés. L'histoire des partis politiques se conjugue avec celle du libéralisme et de la démocratie moderne, mais les partis cristallisent pour l'essentiel les soupçons sur les bienfaits du régime. Plus que le parlementarisme et la représentation, plus que la séparation des pouvoirs et le principe de majorité, plus que l'égalité des citoyens et l'universalité du suffrage, ce sont les conventions relatives au statut et à l'organisation des partis qui semblent encore les plus contestables, sujettes à révision, objet de controverses et d'interrogations.

C'est que les partis constituent un lieu exemplaire de révélation et de figuration des difficultés de la politique moderne nées des postulats artificialistes d'une séparation de l'État et de la société ainsi que d'une antériorité et d'une primauté de l'individu sur la collectivité. Hors de l'ancienne logique organique, les partis doivent constituer comme des corps intermédiaires entre le lieu de l'activité civile et celui de la représentation de l'opinion, ils sont là pour rendre opérante la logique de la séparation mais aussi pour la surmonter et conduire de la division naturelle et sociale des monades à l'unité artificielle et politique de la collectivité. Dans la logique nouvelle de l'individualisme et de la séparation, les partis doivent agréger des opinions et des suffrages, surmonter la multiplicité des préférences individuelles et intégrer dans une totalité construite l'errance indéfinie des positions singulières. C'est parce que les individus sont donnés pour préexistants à l'entrée en politique que les partis sont nécessaires, parce que les sujets politiques n'appartiennent plus à l'ancienne lecture du corps un et entier que les partis doivent les rassembler et organiser l'expression de leurs préférences. Mais les organisations politiques peuvent apparaître alors comme des agents de mutilation de la souveraineté de l'opinion singulière. Dans le même temps, les partis tendent à se multiplier pour faire droit à toutes les positions et rendre compte de la diversité des opinions. Mais ils font alors figure d'agents de division dans une sphère politique dont l'essence est de tendre vers l'unité. La difficulté essentielle du parti politique tient à sa position d'entre-deux, d'intermédiaire entre le politique et le social, de porte et de pont entre l'individuel et le collectif.

Si l'on veut rendre compte complètement de la nature du parti et comprendre la difficulté rencontrée par la plupart des approches traditionnelles pour en saisir la complexité, il convient d'en replacer la logique dans le cadre de deux systèmes d'oppositions qui sous-tendent la problématique partisane : celui de l'Un et du multiple et celui du particulier et du général. Les deux questions apparaissent très voisines : comment penser ensemble l'exigence d'unité et l'évidence de la multiplicité, comment concilier ce qui concerne le plus petit nombre et ce qui a trait au plus grand nombre ? Mais les qualifications sous-jacentes à ces oppositions sont inversées. D'un côté, dans une tradition philosophique constante au moins depuis Plotin, c'est l'Un qui est valorisé en ce qu'il précède et fonde toute multiplicité, en ce que l'être et la pensée le supposent, en ce qu'il est l'être même, suffisant dans sa finalité interne comme dans ses déterminations singulières. Dans l'Un s'entend l'unité au sens de ce qui précède le nombre et l'unicité comme ce qui échappe à la comparaison, qualités essentielles du Bien, situant l'être au-delà de toute intellection et de toute contemplation. De l'autre côté, le particulier ne revêt aucun des caractères positifs auxquels l'Un était associé dans la première opposition en ce qu'il désigne ce qui ne se réfère pas à l'ensemble, ce qui est limité au détail. Le particulier nie la valeur absolue de la règle, énonce la posssibilité de l'accident, empêche de considérer la réalité comme un tout et limite dès lors la recherche du sens à l'addition d'une infinité de significations contingentes dont l'esprit ne pourra jamais s'approprier toute l'étendue.

Le terme « parti » renvoie par son étymologie comme par l'histoire de son usage à la notion de part, de portion et de partage ; il appelle aussi à l'option, à la décision, au départ et à la séparation. C'est dire combien, d'emblée, le parti est étranger à la globalité et à la généralité, même si sa vocation tient dans l'exercice du pouvoir et donc dans la prise en charge de ce qui est commun ou doit être rendu commun aux membres de la collectivité dans laquelle son activité s'exerce. Il est donc patent que, dans sa réalité sémantique comme dans son expression historique et sociale, le parti se trouve placé d'abord du côté du particulier et non du général. Mais en raison de sa vocation à exercer le pouvoir, pour tous ou pour le plus grand nombre, en raison de la compétition dans laquelle il s'engage pour conquérir les suffrages, le général est bien l'horizon de son action, la justification de son existence et le référent de son discours. Même en ignorant la critique élitiste de la représentation partisane qui pose une discontinuité sinon une contrariété entre les fins endogènes et les fins exogènes de l'organisation — et dans laquelle on peut voir une expression métonymique de la vieille question d'une identité naturelle ou non entre les intérêts du souverain et ceux de son peuple —, on saisit combien est au cœur de la problématique du parti politique le passage de la particularité de sa position à la généralité de sa proposition.

Dans la rencontre entre particulier et général qu'est conduit à nouer tout parti politique, on peut déceler plusieurs jeux d'oppositions : autour de l'absolu et du relatif, du général et de l'universel, du particulier et du public.

Dans un premier jeu, il s'agit pour le parti de se tenir entre l'absolu et le relatif. Parce que, pour ceux qui parlent en son nom et le font ainsi parler, le parti est une réalité singulière, auteur de ses actes et de ses volontés, dont l'identité ne relève pas d'abord d'une relation mais d'une instauration, c'est bien l'absolu qui est le cadre en quelque sorte naturel de son existence. Le parti, dans la perspective réaliste dominante chez les hommes politiques comme chez les observateurs, est le plus souvent conçu comme une entité dotée des attributs de tout acteur inscrit dans le langage et l'action : pouvoir, savoir, vouloir. Mais contrairement au sujet humain nécessairement posé dans un rapport de filiation et donc tenu au départ dans une position relative, le parti peut être pris pour un absolu dont l'être s'énonce entièrement dans son vouloir. Toute prise de parti est affirmation de volonté en même temps qu'énonciation d'opinion. Le « je suis ce que je veux » par lequel peuvent s'entendre la fondation du parti et sa recherche de l'exercice du pouvoir ne trouve de limites que dans la pluralité des acteurs dotés d'une égale compétence et dans la concurrence qui s'ensuit entre eux pour gagner les suffrages. Et les exemples ne manquent pas pour rappeler combien le parti, mû essentiellement par la volonté, peut rapidement passer de la proposition d'opinion à l'affirmation de vérité. Seule, au fond, la perspective néo-nominaliste d'un Weber ou d'un Schumpeter permet d'échapper à la fiction du parti pris comme un absolu, mais cette perspective ne concerne que le discours scientifique et ne dispose d'aucune efficacité dans l'ordre de la pratique politique.

C'est bien la tension entre absolu et relatif qui permet de comprendre la dérive totalitaire de certains partis politiques dont on doit souligner qu'elle guette toute organisation, quelle que soit la vision du monde dont elle est dépositaire, dès lors qu'elle ne rencontre pas la contrariété d'un autre point de vue particulier qui vient relativiser son existence et son propos. Le libéralisme plus que toute autre conception antérieure a fait du relatif l'essence même du politique, abaissant la sublimité de la loi et plaçant la recherche de l'absolu dans le seul cadre du privé. Dans un retournement radical, il a affirmé la dignité de l'être humain et la souveraineté de l'individu non pas en fonction d'un principe transcendant antérieur et extérieur à la formation du lien social mais au contraire par rapport au but positif de l'organisation commune. L'homme ici n'est pas foncièrement libre, comme dans la tradition chrétienne, parce que pour une part il appartient à l'éternité mais parce que, comme membre singulier de l'univers politique, il possède le droit d'exister par lui-même dès le moment où cet univers politique advient. La légitimité, radicale dans cet univers, de toute opinion individuelle vient fonder par contiguïté celle du parti dont il n'y a pas à justifier *a priori* la fondation. C'est peut-être d'abord pour cette raison fondamentale que nombre d'auteurs perçoivent une sorte de conaturalité entre le développement des partis politiques et l'invention libérale. La notion même de parti renvoyant à une conception du monde dans laquelle la représentation de l'opinion prend le pas sur l'incarnation de la vérité et la reconnaissance du caractère partiel et partial de chaque point de vue fonde la recherche de l'ordre commun.

Dans le second jeu entre général et universel, il faut au parti, tout en se donnant comme une forme particulière de l'universel, concourir dans le dialogue et la coalition à l'expression d'un point de vue général. Cette proposition doit évidemment encore s'entendre dans le cadre de la pensée libérale dominante, pour laquelle toute conception de l'universel est *a priori* légitime, mais ne dispose pour s'imposer que des armes de l'argumentation rationnelle et de la délibération commune. Dans ce cadre, l'universel est en quelque sorte exclu du débat politique. Il est d'abord ce qui est supposé fonder la possibilité même de débattre, c'est-à-dire l'égale raison donnée à tout homme parlant. Il est ensuite l'horizon de la délibération, c'est-à-dire l'espoir implicite d'une possibilité de découverte de propositions communes à tous les hommes. Mais, ainsi situé en deçà et au-delà du débat politique, il laisse place à la recherche du point de vue général, c'est-à-dire rencontrant l'assentiment de tous ou, à défaut, du plus grand nombre.

On sait que la pensée politique du XVIIIe siècle, dans sa recherche même d'une nouveauté des principes de l'organisation sociale, ne renonça en rien à la croyance dans la nécessité d'une définition unitaire et abstraite de ces principes. Ce ne sont ni les critiques de l'Ancien Régime ni les idées positives sur un système d'administration plus rationnel qui préparèrent le terrain à la terreur jacobine mais bien l'attente eschatologique liée à l'idée d'un ordre naturel. Lorsque les révolutionnaires se donnent pour but de tenir les promesses de la philosophie en instaurant un ordre conforme à la nature et à la raison, ils annoncent l'idée hégélienne d'universel concret selon laquelle la véritable universalité est totalité concrète et non extension universelle. C'est l'unité totalitaire ou d'organisation qui devient l'objet du travail politique et non plus l'unité de similitude, c'est la volonté collective de la société, distinguée de l'existence en chacun de ses membres d'une même volonté, qui devient la totalité nouvelle, indivisible et unique. Ainsi, l'universel mobilisé en politique se mue en véhicule et garantie de l'unité et suppose la croyance dans une vérité objective et indépendante qui ne peut être que reconnue par tout être de raison. De même que pour le catholicisme traditionnel la conscience et la raison humaines ne sont pas libres devant la vérité, de même pour l'intransigeance révolutionnaire les entités collectives, tels le peuple ou la nation, sont des choses tangibles et les principes directeurs, tels l'unité de la nation ou le règne de la vertu, des vérités uniques et indépendantes qui forcent l'assentiment. On perçoit bien comment le postulat du caractère intrinsèque des valeurs et des objets politiques qui est associé à l'art de gouverner sous le signe de l'universel conduit à l'impossibilité de penser les partis. Loin de concourir par leur pluralité à la recherche de la vérité et du bien commun, ceux-ci ne sont plus que des avatars de l'erreur qui entravent la construction de la totalité et l'accès à l'universalité.

Au contraire, placer l'universel en dehors du débat politique et donner comme but à celui-ci la recherche du général, c'est fonder la société sur le postulat d'une liberté individuelle imprescriptible et dès lors abandonner le désir d'une définition unitaire et abstraite de l'existence sociale. L'harmonie ici est une tâche, l'ordre social le résultat d'un compromis, la vérité le fruit d'un dialogue. La société qui repose sur le concert des partis n'est pas une société divisée mais une société dans laquelle les désaccords sont immédiats et l'unanimité médiate, c'est-à-dire où le lien social résulte de la commune volonté de tous ses membres de demeurer ensemble au-delà de leurs divergences.

L'universel est l'horizon du messianisme eschatologique et du volontarisme transformateur : il y a dans la référence à l'universel un désir de salut qui vient guider l'action politique et juger chaque opinion. Le général est le résultat des désaccords qui suivent l'expression des opinions, un lieu minimal des convergences, d'autant plus accessible que l'expression de chaque point de vue se sera déjà fondée sur une intention de généralité.

Dans un dernier jeu d'oppositions, le parti se tient entre particulier et public. On connaît la définition assez simple que Burke donne du parti politique : « un groupe d'hommes unis pour favoriser, par leurs efforts communs, l'intérêt national, fondé sur un certain principe sur lequel ils s'accordent tous ». Ce que souligne cette définition, c'est le rapport qu'exprime censément le parti entre « l'intérêt national » et « un certain principe », autrement dit sa vocation à tenir un point de vue particulier sur le public et à se donner pour une organisation particulière dans la sphère publique. C'est dire que le parti admet par définition l'existence d'autres partis puisqu'il ne peut y avoir dans une société plurielle d'accord unanime sur un principe unique d'atteinte de l'intérêt national. C'est dire aussi que le but d'un parti n'est pas de représenter des intérêts particuliers mais de regrouper autant d'intérêts que possible autour d'un principe plus vaste que chacun de ces intérêts. Ainsi, la conception américaine de la polyarchie pose comme légitime et nécessaire la concurrence de tous les intérêts, les organise et les neutralise partiellement par un système de partis qui simplifie leur expression et institue l'opinion comme arbitre dans l'acte électoral. À tous les niveaux du système politique, de l'électeur au gouvernant en passant par les partis, il y a transaction, agrégation et coalition d'intérêts divers, de telle sorte que la politique n'est plus qu'un vaste marchandage dans lequel aucun acteur n'est en mesure de faire valoir intégralement son point de vue. Au terme de cette conception on trouve ceux qui, avec Bentley et Truman, tendent à considérer l'intérêt public comme dépourvu de toute réalité objective et de transcendance et réduit au simple résultat d'un jeu de pressions particulières et divergentes. À l'autre extrémité de ce rapport entre particulier et public, on trouve la conception athénienne qui pose à la fois l'égalité dans le partage du pouvoir et l'unité du corps politique mal accordée à la diffraction des intérêts particuliers. Dans cette dernière conception, les intérêts particuliers doivent être autant que possible tenus à distance au moment de la décision politique et l'invention d'un espace public vient justement donner place et raison à une expression des préférences qui ne doive rien à la promotion des intérêts particuliers. Le citoyen qui entre dans l'espace public pour y prendre la parole sait qu'il y dispose du droit fondamental de parler, s'engage à y parler en réalité et en liberté, croit que par là il participe à la création du *logos* qui dépasse son existence singulière. Entre ces deux conceptions de la décision politique comme simple résultat de pressions diverses en vue de promouvoir des intérêts particuliers, ou au contraire comme issue transcendante d'une raison collective inassimilable à la logique individuelle, se situe l'essentiel d'un problème qui a animé la réflexion politique et concerné indirectement l'identité du parti politique.

Pris entre la tension vers l'unité artificielle du corps

politique et l'expression de la diversité naturelle de la réalité sociale, situé entre la particularité de son origine et la généralité de sa vocation au pouvoir, le parti rencontre et révèle les difficultés les plus essentielles de la politique et les apories de la démocratie moderne. Les partis sont nés de la séparation artificielle posée entre le politique et le social comme entre l'individu et la collectivité. Tenus entièrement par cette logique de la division, ils apparaissent au regard de la sociologie et de la science politique tantôt du côté de la société en tant qu'expression du pluralisme, tantôt du côté de l'État en tant que confection de l'unité. Et lorsque le regard se porte vers la logique interne de l'organisation où l'unité et l'immobilité l'emportent sur la pluralité et le mouvement, la légitimité du parti semble se défaire et sa contribution au fonctionnement global de la démocratie représentative ne le sauve pas du jugement négatif qui s'attache à une instance si manifestement animée par les exigences unanimistes de l'efficacité polémique. La sociologie de l'organisation interne conclut à l'homogénéité et au caractère total du parti qui unifie à l'excès les opinions et comprime la légitime expression des singularités. La sociologie de la confection du lien social conclut à l'hétérogénéité et au caractère éclaté d'organisations multiples jouant comme éléments artificiels de division. Le parti est ainsi conçu sur le mode de l'un, comme système clos, ou sur le mode du deux comme divisé entre social et politique, jamais semble-t-il sur le mode trinitaire d'une instance de médiation elle-même travaillée par les trois logiques différentes de l'organisation, de la société et de l'État.

Dans les deux conceptions extrêmes de transformation du parti, celle d'Ostrogorski qui propose de remplacer les « partis omnibus » par des organisations *ad hoc* afin de limiter la tendance à la sclérose oligarchique et à la compression abusive de l'individu maître de son opinion, celle de Lénine qui cherche à remplacer la multiplicité externe des partis et leur pluralité interne par une organisation militaire unique et unitaire, destinée finalement à surmonter la division entre social et politique et à unifier le premier par le second, on peut lire *a contrario* ce qu'est la vraie nature du parti dans la démocratie : celle d'une instance de médiation fonctionnant sur le mode des rapports trinitaires et dont l'essence tient dans l'organisation politique du lien social au sein d'une société d'individus marquée par la séparation et le pluralisme.

C'est à examiner et à comprendre la nature du phénomène partisan que nous allons consacrer les pages qui suivent. Nous rapporterons, dans la première partie de l'ouvrage, la manière dont le parti a été perçu, et jugé, par la pensée politique contemporaine de son apparition comme par la pensée sociologique ultérieure. L'enjeu du statut accordé aux partis et la raison des premières critiques que leur développement a suscitées tiennent à la difficulté d'accorder les diversités écloses dans la société — diversités d'opinions et diversités de statuts — avec l'unité du pouvoir. En ce sens le statut incertain du parti ne vient que refléter les difficultés centrales de toute pensée du politique. Accentuées par l'inscription du parti dans le cadre conceptuel de la démocratie, ces difficultés soulèvent les trois questions centrales de la politique moderne : la représentation, la citoyenneté, le pluralisme. Il nous faudra ensuite, dans une deuxième partie, élargir le regard pour considérer la manière dont ont été posés dans la pensée philosophique les rapports entre l'Un et le multiple, qui constituent l'enjeu que doivent affronter les partis et l'opposition qui dans ces rapports se lit entre l'unité et la totalité d'une part, l'unité et l'unicité d'autre part. On examinera par là l'opposition entre l'ordre binaire et l'ordre ternaire, à la lumière de laquelle il est possible d'interpréter le statut du parti dans le système politique. Enfin on pourra, dans une troisième partie, revenir aux analyses classiques de la sociologie politique et les relire à travers les catégories philosophiques précédemment dégagées. Nous mettrons alors en évidence les trois types de difficultés que rencontre une théorie des partis : penser le puralisme entre individualisme et holisme, penser l'expression entre parti et ordre, entre sphère publique et sphère privée, entre représentation et incarnation, penser l'altérité entre opinion et vérité, entre représentant et représenté.

Ainsi, la double nature du parti vient-elle éclairer le caractère incertain de la démocratie pluraliste elle-même. À l'intérieur, le parti présente tous les traits de la communauté unifiée qui exige des siens la soumission, tandis qu'à l'extérieur il retrouve des formes d'action conformes au système pluraliste dans lequel il évolue. Dès lors, la question de la démocratie dans les partis revêt un autre sens. L'organisation peut fonctionner à l'intérieur sur le modèle unitaire, elle contribue dans le même temps à l'expression externe du pluralisme. Le parti ne peut jamais aller jusqu'au terme de sa logique unitaire parce qu'il doit accepter les règles du débat politique. Et le pluralisme démocratique peut prendre alors une autre figure : celle d'un conflit multiple entre conceptions unitaires *.

* Nous remercions Daniel Saadoun et Éric Vigne pour leur lecture critique du manuscrit de ce livre.

PREMIÈRE PARTIE

Comprendre : les partis

L'histoire de l'étude des partis apparaît inséparable de leur affirmation et de leur intégration progressives à la société politique. Pendant longtemps, dans la littérature qui leur est consacrée, les jugements et les condamnations dominèrent. Le terme de parti n'a d'ailleurs que lentement remplacé celui de faction et l'on a pu noter que cette substitution traduisait l'émergence de l'idée selon laquelle le parti n'est pas nécessairement un mal contraire au bien commun de la cité[1]. Plus fortement que celles concernant d'autres objets politiques, les considérations sur les partis ont longtemps été affectées de représentations ou de prénotions marquées par le finalisme et la normativité[2]. Si la réflexion sur les partis a été entachée de présupposés politiques tus ou insoutenus, c'est qu'autour de la saisie du phénomène partisan se révèlent des attitudes qui mettent en jeu aujourd'hui comme hier des

1. G. Sartori, *Parties and Party Systems*, Londres, Cambridge University Press, 1976, p. 3.

2. Cf. M. Offerlé, *Les partis politiques*, Paris, PUF, 1987, p. 7 et 9 ; et D.- L. Seiler, *Les partis politiques*, Paris, A. Colin, 1993, p. 12 et 13.

conceptions globales sur les légitimes divisions d'une communauté et son indispensable unité. Derrière les querelles sur la datation de la naissance des partis comme sur les définitions extensives ou exclusives de cette forme d'organisation des rapports politiques, pointent des conceptions du monde dans lesquelles s'opposent le primat du pluralisme ou celui de l'unité, l'accentuation de l'opinion singulière ou du lien social, la promotion de l'intérêt particulier ou du bien commun, des visions de l'histoire aussi, marquées ou non par le postulat d'un développement des formes de l'organisation politique. Le phénomène partisan semble en réalité condenser et rendre plus aiguës deux des questions les plus centrales de l'action et de la réflexion politiques.

La question du pluralisme tout d'abord, de sa nature, de sa réalité et de sa légitimité. Pluralisme social ou pluralisme idéologique : les partis peuvent être considérés comme des structures reflétant la diversité normale des opinions ou l'inévitable division de la société en classes et en groupes associés et rivaux. Pluralisme naturel ou pluralisme artificiel : les partis peuvent être perçus comme reflétant des divisions antérieures et des clivages qu'il faut nécessairement traduire, institutionnaliser, transformer, surmonter, ou bien comme des structures parasites de l'unité politique entretenant des divisions artificielles ou périmées au risque du désordre et de la dissolution du lien social.

La question de l'organisation des structures de la délibération et de la décision politiques ensuite. Les partis sont ici regardés comme l'expression des changements intervenus au cours du XIXe et du XXe siècle dans les conditions de la participation et de la légitimation politiques. C'est, dans ce cas, leur fonction de formation et de sélection du personnel gouvernemental qui est privilégiée, leur rôle dans l'entretien de la compétition interne à la sphère du pouvoir, leur travail de préparation de la décision électorale et de confection des majorités. Paradoxalement, c'est ici, dans l'observation du rôle spécifique du parti, que se développent la critique la plus radicale de son mode de fonctionnement autonome, du caractère oligarchique de sa direction et par là même la dénonciation du caractère fallacieux d'un système démocratique qui s'accommode de pareille exception élitiste dans un cadre normalement régi par le principe de publicité et la loi du nombre.

En d'autres termes, si l'on privilégie la question du pluralisme, l'insertion des partis dans la société, leur mode d'expression de relations sociales faites inégalement de cohésion et de division, c'est moins l'organisation et sa spécificité qui apparaîtront que les intérêts dont elle se déclare représentante et les clivages dont elle dépend. C'est alors sans doute l'ancienneté de l'association et de la représentation, la permanence de la défense des intérêts et de l'expression des passions correspondant naturellement à l'éternelle hétérogénéité du social qui frapperont l'observateur et le conduiront à mettre en relief, par exemple, l'analogie fonctionnelle entre partis modernes et factions anciennes, à s'interroger sur la nature des partis monopolistes, ou à étudier plus largement les modes d'articulation entre système de partis, système institutionnel et système sociétal. Si c'est la question spécifique de l'organisation qui oriente l'observation, on privilégiera l'étude des formes partisanes, la répartition du pouvoir en leur sein et leur capacité à remplir des fonctions spécialisées. C'est la nouveauté des rapports d'autorité installés par ce mode d'organisation et les effets sociaux de la spécialisation du recrutement qui apparaîtront alors et révéleront les enjeux politiques recouverts par la professionnalisation du personnel et la bureaucratisation de la structure[1].

Bref, on ne se sera pas débarrassé des questions politiques sous-jacentes à l'existence et à l'étude des partis en décidant comme J. La Palombara et M. Weiner de les définir restrictivement par l'addition d'un certain nombre de critères d'identification[2], négligeant par là le problème fondamental de la relation entre les partis et d'autres organisations représentatives des mêmes groupes sociaux, ainsi que le problème de l'expression du pluralisme dans les systèmes politiques différents de la démocratie libérale moderne. Mais on n'aura pas compris la spécificité

1. Sur la complémentarité de ces deux approches — *ad intra* et *ad extra* — des partis, cf. A. Lancelot, « Les partis politiques », *Encyclopaedia universalis*, Paris, 1992, vol. 17, p. 598-603.

2. Dans leur définition classique des partis politiques, ces auteurs retiennent quatre critères : 1) une organisation durable dont l'espérance de vie politique est supérieure à celle de ses dirigeants actuels ; 2) une organisation bien implantée localement et dont les échelons locaux entretiennent des rapports réguliers avec l'échelon national ; 3) une organisation dont les dirigeants ont la volonté délibérée de prendre et d'exercer le pouvoir, seuls ou avec d'autres (et non pas simplement d'influencer les dirigeants politiques) ; 4) une organisation cherchant à acquérir un soutien populaire, par les élections ou de toute autre manière. J. La Palombara et M. Weiner, *Political Parties and Political Development*, Princeton, Princeton University Press, 1966, p. 5.

des rapports d'autorité et des possibles dérives oligarchiques des organisations politiques spécialisées et professionnalisées en ramenant simplement l'étude des partis à la traditionnelle interrogation sur les modes d'expression et de légitimation du pluralisme social et idéologique. Les questions que condense le phénomène partisan sont en réalité d'abord celles que pose toute réflexion politique : c'est-à-dire les relations entre pouvoir et société et l'expression de la diversité des clivages. Ce sont celles aussi que vient préciser la référence démocratique, c'est-à-dire le rapport de représentation et la place du citoyen dans un système marqué par la division des rôles et le morcellement des appartenances.

Chapitre premier

LE NON-DIT DU POLITIQUE

L'évolution de la pensée sur les partis n'est pas séparable de l'évolution de la réflexion sur la légitimité et la nature des divisions dont ils sont l'expression. S'agit-il principalement de divisions d'opinion naturelles dans un ensemble humain composé d'individus également raisonnables et animés de convictions différentes, ou encore d'oppositions d'intérêts également légitimes mais entrant d'abord dans une contrariété que permettront de surmonter leur simple expression et leur libre rencontre ? S'agit-il, plus profondément, de divisions reflétant des antagonismes sociaux toujours susceptibles de mettre en danger l'association humaine ? On voit bien que le débat sur les partis est travaillé tout entier par ces questions qui sont simplement celles que pose toute pensée sur le politique. La réflexion sur les partis semble s'être progressivement affranchie de cette difficulté première à concevoir la légitimité du clivage. C'est au fond par l'intégration progressive dans la pensée politique des enseignements qu'ouvre seule la posture sociologique que l'attitude à l'égard des partis s'est faite plus tolérante et plus réaliste. Mais c'est aussi l'approche sociologique qui a rendu possible la dénonciation des inégalités dans la distribution du pouvoir interne et a réactivé les condamnations qui au-delà du parti concernent la généralité de la domination.

L'effacement du social

Si, comme on le disait en introduction, le terme de parti renvoie à la notion de partage et de division, le terme de faction appelle des connotations encore plus évidemment négatives d'activités séditieuses et disruptives de l'unité collective[1]. Or, dans l'usage qu'en font les premiers utilisateurs, au XVIIIe siècle, les deux termes sont à peu près équivalents et désignent au fond une même réalité : celle de la division de la société en camps opposés. Lord Bolingbroke esquisse une distinction entre les deux termes, notant que le parti divise le peuple sur la base de principes et de différences réelles, mais ajoutant que très vite ces divisions sont subordonnées à des conflits d'intérêts personnels, il finit par considérer que les deux termes sont interchangeables et désignent une même réalité déplorable : « Le gouvernement de parti doit toujours finir dans un gouvernement de faction. Le parti est un mal politique, et la faction est le pire de tous les partis[2]. »

1. Une faction est « un parti séditieux dans un état », écrit Voltaire dans l'*Encyclopédie* de 1778. Cité par G. Sartori, *op. cit.*, p. 3.

2. H. S. J. Bolingbroke, *The Idea of a Patriot King* (1738), *in The Works of Lord Bolingbroke*, Carey and Hart, 4 vol., Philadelphie, 1841, vol. 2, p. 401. Cité par G. Sartori, *op. cit.*, p. 6.

Hume de même, dans ses *Essais politiques*, emploie indifféremment les termes de parti et de faction, mettant quant à lui l'accent sur la distinction entre le caractère « réel » ou « personnel » des divisions ainsi exprimées et établies. « Les factions ou les partis sont de deux sortes, écrit-il, il y en a de personnels et de réels : les premiers sont fondés sur l'amitié ou la haine personnelle, les seconds sur une contrariété réelle de sentiments d'intérêts[1]. » Les factions personnelles naissent le plus souvent dans les petites républiques où « chaque querelle domestique devient une affaire d'état » et il n'est pas rare qu'un État entier se partage entre deux factions égales dont l'opposition est alimentée chaque jour par de nouveaux prétextes bien éloignés des premières raisons qui les avaient suscitées : « Rien n'est plus commun que de voir des partis nés d'une différence réelle continuer, lors même que cette différence ne subsiste plus[2]. » Les factions reposant sur des différences d'intérêt semblent à l'auteur les plus raisonnables et les plus pardonnables parce qu'elles trouvent leurs racines dans la constitution même du cœur humain. Pour cette raison que ces différences sont inscrites dans la nature humaine, Hume convient que l'abolition des partis est une vue irréaliste et, sans doute même, non souhaitable dans un gouvernement libre. On décèle donc chez lui une attitude à l'égard des partis ou factions faite à la fois de réalisme et d'empirisme, qui le rapproche finalement des vues de Burke, pour qui les partis consti-

1. D. Hume, *Essais politiques*, trad. fr., Paris, Vrin, 1972, p. 119.
2. *Ibid.*, p. 124.

tuent un agencement respectable des divisions d'opinion et des différences de pensée, une « connexion nécessaire » et un instrument utile pour la liberté du gouvernement.

Un réalisme égal anime les pères fondateurs américains, même si le jugement est encore plus sévère sur les méfaits des divisions factieuses. Madison définit la faction comme « un certain nombre de citoyens formant la majorité ou la minorité, unis et dirigés par un sentiment commun de passion ou d'intérêt, contraire aux droits des autres citoyens ou aux intérêts permanents et généraux de la communauté[1] ». Puisqu'on ne peut s'attaquer aux causes des factions car il faudrait pour cela supprimer la liberté et la diversité naturelles dans une société, on va chercher à en corriger les effets par l'organisation de la république. Par république, Madison entend « un gouvernement dans lequel l'idée de représentation existe[2] ». Ce mode de gouvernement qui repose sur la délégation permet dès lors « d'épurer et d'élargir l'esprit public en le faisant passer dans un milieu formé par un corps choisi de citoyens, dont la sagesse saura distinguer le véritable intérêt de leur patrie, et qui, par leur patriotisme et leur amour de la justice, seront moins disposés à sacrifier cet intérêt à des considérations momentanées et partiales[3] ». La représentation devient la condition d'une reconnaissance maîtrisée du parti, la séparation des fonctions le vecteur d'une acceptation des divi-

1. Adresse de Madison du 23 novembre 1787, *Le Fédéraliste*, n° 10, *in* Hamilton, Jay et Madison, *Le Fédéraliste*, trad. fr., Paris, V. Giard et E. Brière, 1902, p. 67-68.

2. *Ibid.*, p. 73.

3. *Ibid.*

sions politiques. Washington développe le même point de vue selon lequel « il est inévitable, et jusqu'à un certain point peut-être avantageux, qu'il y ait des différences d'opinions politiques », mais il regrette « qu'on ne puisse pas discuter ces sujets avec modération » et que les deux partis tendent « les cordes au-delà de leur portée » au lieu de préférer la « marche mitoyenne[1] ». Au moment de quitter la présidence, il appelle ses concitoyens à se prémunir contre « les pernicieux effets de l'esprit de parti » et « la domination alternative des factions ». Pour lui, le despotisme des factions conduit inévitablement les hommes « à chercher la sûreté et le repos dans le pouvoir d'un seul ; et tôt ou tard [...] le chef de quelque faction met cette disposition à profit pour s'élever sur les ruines de la liberté publique ». En définitive, l'opinion selon laquelle les partis sont utiles sous les gouvernements libres en entretenant l'esprit de liberté ne lui semble juste que jusqu'à un certain point. Les gouvernements « populaires et purement électifs » ont « assez de cet esprit et comme ils doivent constamment en redouter l'excès, il faut que l'opinion publique s'efforce toujours de le modérer[2] ».

On perçoit que cette première assimilation du parti et de la faction a pour conséquence de disqualifier le parti comme diviseur de l'opinion, parce que la faction est objectivement organisation du dissensus, conduisant à prendre la logique de la partie pour celle

1. G. Washington, lettre à Alexandre Hamilton du 20 août 1792, *in Correspondance*, trad. fr., Paris, Didier, 1855, t. III, p. 346.

2. G. Washington, Adresse d'adieu au peuple des États-Unis, *in Correspondance, op. cit.*, p. 162 et 163.

du tout et à imposer la première à la seconde. Cette conception du parti touve son origine dans une vision de la politique où un ordre objectif préside à l'organisation sociale et où l'expression et la rencontre des intérêts ne peuvent jamais conduire à la remise en cause de cet ordre. Elle trouve sans doute un nouvel élan dans l'intention des fondateurs des États-Unis de contenir les poussées centrifuges de la société américaine comme dans le souci des libéraux conservateurs français de rompre avec la dynamique du désordre révolutionnaire.

Mme de Staël et Benjamin Constant combattent ainsi les partis parce qu'ils veulent combattre les passions et l'anarchie qui suit leur déchaînement. En 1796, la première stigmatise les « fureurs de l'esprit de parti qui déchirent la France ». Cet esprit lui apparaît, de toutes les passions, comme « celle qui s'oppose le plus au développement de la pensée ». Comme les théoriciens américains au même moment, elle s'emploie à distinguer république et démocratie, répudiant cette dernière comme « le gouvernement affreux [...], la puissance des hommes sans propriété », et présentant au contraire la « république aristocratique » comme un régime où sont assurées la division du corps législatif, l'indépendance du pouvoir exécutif et avant tout « la condition de la propriété[1] ». Les tempéraments qu'après la Restauration Mme de Staël apporte à sa condamnation s'appuient sur la défense d'un gouvernement représentatif à l'anglaise où deux partis disciplinés encadrent certes

1. G. de Staël, *De l'influence des passions sur le bonheur des individus et des nations*, Lausanne, 1796, p. 8, 217 et 114-115.

l'esprit public, mais où l'éloquence parlementaire et une délibération sensée peuvent toujours défaire la rigidité des fidélités partisanes[1]. Parce que, fondamentalement, aucun antagonisme social irréductible ne vient donner raison aux divergences d'opinion qui se manifestent dans le corps législatif. La même évolution se retrouve chez Constant qui oppose au règne des passions éphémères et furieuses le calme d'une politique durable et équilibrée. Il écrit que « c'est par une erreur dont la Révolution est la cause que le gouvernement s'est persuadé qu'il devait avoir un parti pour lui. Toutes les factions cherchent à accréditer cette erreur. Chacune d'elles aspire à devenir le centre, et prétend faire signe au gouvernement de l'entourer ». Pourtant, le centre du gouvernement ne peut être tenu par un parti et il faut au pouvoir légitime la force de l'impartialité. Le pouvoir doit être immobile, situé au-dessus de tous les intérêts successifs et opposés, il doit les forcer à s'arranger et à concourir « quelquefois malgré eux, au rétablissement du calme, et à l'organisation d'un nouveau pacte social[2] ». Plus tard, après le rétablissement de la monarchie, Constant écrit sa doctrine destinée à « réunir les partis en France » où il donne une définition restée célèbre (« une réunion d'hommes qui professent la même doctrine politique ») et où il cherche à conjuguer le principe de respect des partis et celui de l'unité nationale. Là, il condamne l'attitude des

1. G. de Staël, *Considérations sur les principaux événements de la Révolution française*, Paris, Charpentier, 1843, p. 570-580.

2. B. Constant, *Des réactions politiques*, Paris, an V (1797), p. 13 et 15.

« dépositaires du pouvoir » qui « ont une disposition fâcheuse à considérer tout ce qui n'est pas eux comme une faction » et « rangent quelquefois la nation même dans cette catégorie », pensant « que l'habileté suprême est de se glisser entre ce qu'ils nomment les factions opposées, sans s'appuyer d'aucune[1] ». Il finit par reconnaître que l'on ne peut espérer exclure les factions de l'organisation politique où les avantages de la liberté doivent être préservés, même s'il veut ajouter que l'on doit cependant travailler à réduire les factions[2]. Là encore, cet acquiescement à la réalité et à la nécessité des partis repose sur la conviction qu'aucun antagonisme social n'est irréductible. La vocation du gouvernement consistant dans la mise en forme de l'unité politique, celle-ci ne peut être réalisée que s'il ne se confond jamais lui-même avec l'une quelconque de ces particularités rivales.

On peut rapprocher cette vision utilitariste des factions, à laquelle parviennent certains publicistes du XIXe siècle, de la distinction que Machiavel avait avancée entre les divisions utiles et les divisions néfastes dans une république. « À la vérité, écrivait-il, il y a des divisions qui nuisent aux républiques, d'autres qui sont profitables : nuisibles sont celles qui comportent des factions et des partisans, profitables celles qui ne donnent pas naissance à des factions et des partisans[3]. » Machiavel place les factions du côté des ser-

1. B. Constant, *De la doctrine politique qui peut réunir les partis en France*, Paris, an V (1797), p. 156-157.

2. B. Constant, *Principes de politique*, *in Œuvres*, Paris, Gallimard, La Pléiade, 1957, p. 1158.

3. Machiavel, *Histoires florentines*, *in Œuvres complètes*, Paris, Gallimard, La Pléiade, 1952, p. 1288.

vices privés et des intérêts particuliers mais note qu'elles peuvent être contraintes par les circonstances d'œuvrer au bien public. Tout d'abord, leur existence même est signe et condition de liberté ; ensuite, leur rivalité mutuelle et le rapport des forces peuvent être la source d'un équilibre profitable à tous[1]. On peut voir là les premiers signes de cette conception moderne de la politique comme organisation de rivalités et de l'intérêt commun comme résultante de ces rivalités mêmes. Celle que Montesquieu esquisse encore dans le fameux passage de ses *Considérations* où il décrit la véritable union dans un corps politique comme « union d'harmonie qui fait que toutes les parties, quelque opposées qu'elles nous paraissent, concourent au bien général de la société comme des dissonances dans la musique concourent à l'accord total[2] ».

L'évolution de la pensée libérale peut ainsi apparaître comme exemplaire des transformations du jugement posé sur la réalité partisane : une assimilation d'abord des partis aux factions et une condamnation des uns comme des autres au nom de l'unité primordiale et préexistante du corps politique, une accepta-

1. Yves Lévy note à ce propos que Machiavel use du mot faction pour « désigner les groupements qui ne tendent qu'à procurer des avantages personnels à leurs membres » et du mot parti pour désigner « chacun des deux groupements qui peut-être n'étaient au départ que des factions mais dont la rivalité durable conduisit les vainqueurs à gouverner plus de vingt ans avec l'accord et dans l'intérêt du peuple florentin » (Y. Lévy, « Les partis et la démocratie », *Le contrat social,* 1959, vol. 3, n° 2, 79-86).

2. Montesquieu, *Considérations sur les causes de la grandeur des Romains et de leur décadence*, Paris, Garnier-Flammarion, 1968, p. 86-87.

tion ensuite de leur utilité pour la confection d'une harmonie artificielle, construite sur la base de l'expression des différences et de leur maintien dans les bornes de l'intérêt national. L'acceptation du parti accompagne en quelque sorte l'affirmation d'une autonomie du clivage politique au regard du social.

Le constat devient troublant lorsqu'on retrouve les racines de l'antipartisme qui s'exprime dans la tradition contre-révolutionnaire comme dans la tradition démocratique. Ici la résistance gît dans l'opposition à la conception utilitariste et réaliste de la politique. Ainsi pour Bonald, « l'esprit de parti est, comme le dit le mot de parti, l'esprit particulier d'une partie, d'une fraction d'un grand tout ; et les partis religieux ou politiques ne sont que des fractions ou des sectes de la société. L'esprit de corps est l'esprit général du corps tout entier. L'esprit de parti divise et dissout ; l'esprit de corps réunit et affermit[1] ». C'est la vision traditionnelle du corps politique comme totalité organique établie en transcendance qui, dans ce courant, fonde la répudiation de l'esprit de parti diviseur et dissolvant. Chez Rousseau, l'harmonie n'est certes pas préétablie sur la base d'un principe extrinsèque et d'une transcendance imposable à toute liberté humaine, mais la volonté de la majorité est réputée volonté générale, issue de la rencontre des opinions singulières, validée par l'accord de chaque opinant à la vérité nouvelle de la pleine généralité. La formation de cette volonté générale implique que ne soient mis

1. L. de Bonald, *De l'esprit de corps et de l'esprit de parti*, Paris, Le Clère, 1828, p. 7 et 8. Cité par Y. Lévy, « Les partis et la démocratie », *Le contrat social*, 1960, vol. 4, n° 4, p. 217-221.

face à face et considérés que les seuls individus et leur raison d'une part, et la raison plénière de la décision générale d'autre part. L'esprit de parti interdit cette rencontre majeure et engage au contraire l'État dans la voie de la particularité. Comme l'a bien montré René Capitant, dans la pensée de Rousseau le danger qui guette la démocratie ne vient pas d'abord de l'expression des volontés particulières, car si les citoyens n'avaient aucune communication entre eux, « du grand nombre de petites différences résulterait toujours la volonté générale et la délibération serait toujours bonne ». Le danger réside dans l'existence d'associations et de partis qui défendent leur intérêt de groupe et ont assez d'empire sur leurs membres pour diriger leurs votes en ce sens, parce que alors « la compensation des intérêts particuliers par leur compensation réciproque ne peut plus se produire. Ceux-ci, réduits au nombre des groupes qui se partagent le peuple, sont trop peu nombreux. Ils l'emportent donc sur l'intérêt d'abord sous forme de coalitions de groupes, additionnant ou composant leurs intérêts propres, puis sous forme de domination du groupe le plus fort, lorsque celui-ci peut atteindre à lui seul la majorité des voix[1] ».

Plusieurs conclusions et interrogations naissent de ces premiers rapprochements. Si l'on aborde par là la question partisane, on perçoit bien que la spécificité et la modernité de cette forme d'organisation politique apparaissent moins importantes que le type et l'ampleur du pluralisme qu'elle suppose, exprime et

1. R. Capitant, « La définition de la démocratie », *in Écrits constitutionnels*, Paris, éd. du CNRS, 1982, p. 105.

rend tolérable. Ce sont des visions globales de la division et de l'harmonie politiques qui déterminent l'attitude à l'égard des partis et factions. La politique est certes, dans les conceptions traditionnelles ou modernes, et pour ces dernières dans leur version libérale ou démocratique, toujours conçue comme harmonie. Ce qui distingue entre elles ces doctrines et détermine le jugement que chacune porte sur les partis concerne plutôt les moyens de parvenir à cette harmonie. Si l'harmonie est donnée comme préexistante et extérieure à la volonté humaine ou si elle apparaît comme fruit de cette volonté mais en quelque sorte transcendante à toutes les singularités qui sont entrées dans sa confection, les partis seront considérés comme d'insupportables obstacles à l'unité de la société, comme des ferments de morcellement du corps politique, comme l'expression d'intérêts particuliers et d'appétits privés. Si l'harmonie apparaît au contraire comme le fruit d'un travail politique, comme le résultat d'une rencontre, d'un échange et d'une transaction entre des éléments divers du corps social dotés d'une égale légitimité et animés d'une égale raison et d'une égale volonté de parvenir à l'unité, les partis seront regardés comme d'utiles agents d'expression de ces diversités nécessairement fondatrices de l'harmonie suivante.

C'est le respect pour la liberté considérée comme valeur politique suprême plus que le réalisme d'inspiration machiavélienne qui semble avoir constitué le vecteur le plus puissant d'une intégration dans la pensée politique de la notion de parti, distingué alors de la faction et quelque peu dépouillé des connotations péjoratives de cette dernière. Une liberté cependant toujours contrôlée, maîtrisée par les canaux de la représentation comme chez les libéraux, ou par les mailles de la volonté générale comme chez Rousseau.

L'expression du social

Tocqueville, ce « libéral d'une espèce nouvelle » comme il aimait à se désigner lui-même[1], a le premier, dans son étude de la démocratie américaine, situé la réflexion sur les partis dans le cadre nouveau de l'expression nécessaire du clivage social et de la diversité inhérente à une nation moderne composée d'individus. Rompant avec « une tradition française qui glorifie l'unité nationale et le vœu unanime du peuple[2] », il note que « les grands partis politiques sont ceux qui s'attachent aux principes plus qu'à leurs conséquences ; aux généralités et non aux cas particuliers ; aux idées et non aux hommes. Ces partis ont, en général, des traits plus nobles, des passions plus généreuses, des convictions plus réelles, une allure plus franche et plus hardie que les autres. L'intérêt particulier, qui joue toujours le plus grand rôle dans les passions politiques, se cache ici plus habilement sous le voile de l'intérêt public ; il parvient même quelquefois à se dérober aux regards de ceux qu'il anime et fait agir[3] ». Les États-Unis fourmillent de

1. Cf. J. C. Lamberti, *Tocqueville et les deux démocraties*, Paris, PUF, 1983, p. 310-313.

2. F. Mélonio, « Introduction à la première *Démocratie* », *in* A. de Tocqueville, *De la démocratie en Amérique, Souvenirs, L'Ancien Régime et la Révolution*, Paris, Laffont, 1986, p. 32.

3. A. de Tocqueville, *De la démocratie en Amérique, op. cit.*, p. 179.

petits partis et l'opinion se fractionne à l'infini sur des questions de détail mais, dit Tocqueville, « lorsqu'on en vient à étudier avec soin les instincts secrets qui, en Amérique, gouvernent les factions, on découvre aisément que la plupart d'entre elles se rattachent plus ou moins à l'un ou à l'autre des deux grands partis qui divisent les hommes, depuis qu'il y a des sociétés libres. À mesure qu'on pénètre plus avant dans la pensée intime de ces partis, on s'aperçoit que les uns travaillent à resserrer l'usage de la puissance publique, les autres à l'étendre[1] ». La démocratie américaine fonctionne donc sur ce double registre d'une expression normale d'une infinité d'opinions et de clivages et de leur rassemblement dans deux grands partis : l'un orienté autour de l'élargissement du pouvoir populaire, l'autre autour de son rétrécissement, l'un cherchant à faire prévaloir la démocratie, l'autre l'aristocratie. C'est finalement dans le rapport étroit qu'entretiennent en Amérique l'association civile et l'association politique que réside, pour Tocqueville, un des ressorts du bon fonctionnement de la démocratie. Par l'association civile qui unit des hommes « ayant un intérêt commun dans une certaine affaire [...], entreprise commerciale à diriger, opération industrielle à conclure », les citoyens apprennent « comment on maintient l'ordre parmi un grand nombre d'hommes, et par quel procédé on parvient à les faire marcher, d'accord et méthodiquement, vers le même but[2]. » Dans l'autre sens, « c'est au sein des associations politiques que les Américains de tous les

1. *Ibid.*, p. 181.
2. *Ibid.*, p. 508-509.

États, de tous les esprits et de tous les âges, prennent chaque jour le goût général de l'association et se familiarisent à son emploi ». Ainsi, à prendre « la vie tout entière d'un peuple », on peut démontrer « que la liberté d'association en matière politique est favorable au bien-être et même à la tranquillité des citoyens[1] ».

L'intérêt de l'analyse de Tocqueville est de déplacer le regard porté sur les partis de la vie politique à la vie sociale, de la condamnation des factions et des passions à l'acceptation de l'expression des clivages et des intérêts. Si l'on engage une réflexion sur l'insertion des groupes dans la société et la nature du pluralisme qui la travaille, les partis cessent alors d'être assimilés aux factions, c'est-à-dire à des « parties contre le tout », pour apparaître spécifiquement comme des « parties du tout[2] ».

La postérité et la fécondité de cette approche des partis sont manifestes[3] : c'est elle qui ouvre la possibilité d'une sociologie politique attentive aux clivages réels traversant la société, sans pourtant que soit toujours évité le glissement de l'observation des faits au jugement de valeur. Parce qu'elle met l'accent sur le lien entre société et politique, l'attention portée aux partis comme expression du pluralisme conduit à les voir comme des corps intermédiaires dans le cadre d'une démocratie moderne qui ne connaît théorique-

1. *Ibid.*, p. 511.

2. La distinction est proposée par G. Sartori, *op. cit.*, p. 14.

3. Sur les rapports entre clivages politiques et clivages sociaux, on peut se reporter au débat entre Georges Lavau et Maurice Duverger, *in* G. Lavau, *Partis politiques et réalités sociales. Contribution à une étude réaliste des partis politiques*, Paris, Presses de la Fondation nationale des sciences politiques, 1952.

ment que deux réalités, celle de l'individu et celle de l'État, et apparaît ainsi leur fonction sociale au-delà de leur spécialisation politique[1]. Cette approche conduit à comprendre l'action des organisations politiques dans le cadre plus général d'une démocratie de groupes, d'un système politique où tous les intérêts entrent légitimement en concurrence, où ils sont agrégés et partiellement neutralisés par le système des partis qui simplifie leur expression, où enfin l'opinion est instituée comme dernière instance de décision[2]. Ici les partis ne sont d'ailleurs plus vus d'abord sous l'angle de leur représentation des intérêts, mais plutôt sous celui de leur capacité à les agréger et donc à les réduire en les insérant dans un programme politique plus vaste que la simple expression de chacun d'entre eux[3]. Ils sont conçus comme des éléments essentiels de la polyarchie parce qu'ils facilitent le contrôle populaire des élus, aident les électeurs à faire des choix rationnels et contribuent au règlement pacifique des conflits[4].

Cette approche des partis comme expression du

1. « L'association et l'organisation de parti sont presque, pour les organes du gouvernement, ce que sont les nerfs moteurs pour les muscles, les tendons, les os du corps humain. Ils transmettent la force motrice, ils déterminent les directions dans lesquelles agissent les organes » (J. Bryce, *La République américaine*, trad. fr. Paris, V. Giard et E. Brière, 1912, t. III, p. 1 et 2 ; 1re éd. 1888).

2. Cf. F. Bourricaud, « La polyarchie ou la société raisonnable », *in* P. Antoine *et al.*, *Démocratie aujourd'hui*, Paris, Spes, 1963, p. 133.

3. J. H. Hallowell, *Les fondements de la démocratie*, trad. fr., Paris, Éditions internationales, 1970, p. 84 (1re éd. 1954).

4. R. Dahl, *Democracy in the United States : Promises and Performance*, Chicago, Rand McNally and Co, 1972, p. 275.

pluralisme et traduction des clivages est aussi à la source de la plupart des tentatives de description systématique des familles politiques. La plus fameuse est l'entreprise de Lipset et Rokkan établissant les clivages fondamentaux à l'origine des familles politiques et décrivant la formation des systèmes partisans par la dialectique du conflit et de l'intégration[1], mais on peut rattacher à la même veine le modèle développementaliste de la genèse des partis par les crises tel que l'ont construit La Palombara et Weiner[2] ou la classification des partis du point de vue de leurs soutiens sociaux proposée par Janda[3]. Jean et Monica Charlot ont montré de manière convaincante qu'il était difficile, dans ces formes de taxinomies à partir des clivages, d'identifier simplement un parti comme l'expression d'un seul d'entre eux[4]. Il faudrait aussi se demander dans quelle mesure un parti, même s'il relève d'un clivage principal, ne constitue son identité qu'autour d'un des pôles de cette dimension ou bien

1. S. M. Lipset et S. Rokkan, *Party Systems and Voter Alignments*, New York, Free Press, 1967. Cf. également les reprises et reformulations de ce modèle par D.L. Seiler et les critiques de J. Charlot : D. L. Seiler, *Partis et familles politiques*, Paris, PUF, 1980, et *De la comparaison des partis politiques*, Paris, Économica, 1986 ; J. Charlot, « Partis politiques. Pour une nouvelle synthèse théorique », *in* Y. Mény (sous la dir.), *Idéologies, partis politiques et groupes sociaux. Pour Georges Lavau*, Paris, Presses de la Fondation nationale des sciences politiques, 1989, p. 285-295.

2. J. La Palombara et M. Weiner, *op. cit.*

3. K. Janda, *Political Parties, a Cross-National Survey*, New York, The Free Press, 1980.

4. J. et M. Charlot, « Les groupes politiques dans leur environnement », *in* J. Leca, M. Grawitz (sous la dir.), *Traité de science politique*, Paris, PUF, 1985, vol. 3, p. 429-495.

cherche à politiser l'intégralité de l'expression qu'il privilégie et à partir de laquelle il s'est constitué. Autrement dit, à identifier tel parti comme « bourgeois », « anticlérical » ou « centraliste », comme s'il ne s'exprimait que sur l'une de ces dimensions identitaires et répondait à un autre parti tenant à l'autre extrémité une position exactement antagoniste, on néglige peut-être le plus important, soit le fait que le parti cherche à imposer la dimension politique qu'il privilégie à l'ensemble des rapports d'alliance et de concurrence définissant le système de partis.

C'est évidemment le marxisme qui pose de la manière la plus radicale la question du parti comme prise en charge politique de la totalité sociale et aussi comme révélateur de la dimension sociale de toute question politique. Le parti communiste apparaît de ce point de vue comme une nouveauté radicale dans l'histoire des partis en ce qu'il cherche à articuler le point de vue particulier, l'incarnation des intérêts d'une classe au lieu de la représentation d'idéaux universels, avec le projet d'un bouleversement complet de l'organisation sociale globale qui concerne à terme la destinée des autres peuples et de l'humanité tout entière. Dès le *Manifeste*, Marx et Engels précisent que « les communistes ne sont pas un parti particulier parmi les autres partis ouvriers. [...] Ils représentent constamment l'intérêt du mouvement général[1] ». On sait que, de proche en proche, non seulement la primauté de l'antagonisme de classe sur les autres clivages en vient à dicter la raison de toute

1. K. Marx et F. Engels, *Manifeste du parti communiste*, Paris, Éditions sociales, 1961, p. 23.

politique, mais encore que les positions des dirigeants du parti de la classe ouvrière prétendent condenser le point de vue de la généralité la plus grande où sont le plus parfaitement réalisés les objectifs de la totalité humaine. De ce point de vue, les débats qui déchirèrent le mouvement ouvrier (la critique par Kautsky de l'objectif marxiste d'anéantissement de l'adversaire et de l'assimilation du combat politique à une guerre civile[1] ; le rappel par Rosa Luxemburg que la dictature du prolétariat doit être l'œuvre de la classe et non pas d'une minorité dirigeant au nom de la classe[2] ; la dénonciation par Trotski de la dérive « substitutiste » du mécanisme incarnatif où le fait de vouloir penser pour le prolétariat conduit finalement un seul dictateur à se substituer au comité central comme le comité central s'est d'abord substitué à l'ensemble du parti[3]) apparaissent exemplaires du processus par lequel la primauté accordée au clivage social dans l'organisation politique conduit à l'appréhension de toute la société. Le discours sur les partis, dès l'instant où a été reconnu le primat du traitement du clivage social, est un discours sur toute la politique et sur toute la société.

En dehors de cette spécificité marxiste de la conception de l'organisation, on aura noté que, dans la légitimation nouvelle des partis distingués des factions et dans leur assimilation au pluralisme naturel d'une

1. K. Kautsky, *La dictature du prolétariat* Paris, UGE, 10/18, 1972 (1re éd. 1918).

2. R. Luxemburg, *La Révolution russe in Œuvres*, t. II, Paris, Maspero, 1971 (1re éd. 1918).

3. L. Trotski, *Nos tâches politiques*, *Bilan et perspectives*, Paris, éd. de Minuit, 1969 (1re éd. 1904-1906).

société développée, deux éléments majeurs entrent en jeu. D'une part le passage de la multiplicité de petits partis au rassemblement des opinions en deux pôles, d'autre part le triomphe de l'idée de liberté.

Ce qui compte d'abord dans le regard nouveau posé sur les organisations politiques à partir de l'analyse tocquevillienne, c'est qu'elles introduisent de l'ordre dans le foisonnement des positions singulières. Les grands partis, dit Tocqueville, naissent « quand les citoyens diffèrent entre eux sur des points qui intéressent également toutes les portions du pays, tels, par exemple, que les principes généraux du gouvernement[1] ». Cette homogénéisation des attitudes passe par l'installation d'un bipartisme assurant le rassemblement des multiples clivages sous l'opposition simplifiée de deux organisations. Comme l'a montré Carl Friedrich, ce n'est qu'après l'échec d'expériences révolutionnaires et violentes de parti unique sous Jacques Ier que le peuple anglais s'est rallié à une tolérance mutuelle des opinions politiques : « Le système bi-parti est né de la prédominance d'un seul parti et de la guerre civile qui en résulta, démontrant au peuple que la tolérance valait mieux que le danger des violences partisanes[2]. » Cela n'a pas empêché les partis anglais de se diviser intérieurement en factions rivales, mais le rassemblement dualiste entraîné par le mode de scrutin apparaît comme l'égal évitement de deux systèmes considérés comme néfastes : le monopartisme et le foisonnement sectaire de partis multi-

1. A. de Tocqueville, *op. cit.*, p. 178.

2. C. Friedrich, *La démocratie constitutionnelle*, trad. fr., Paris, PUF, 1958, p. 443 (1re éd. 1946).

ples. Partant de l'observation des deux démocraties anglaise et américaine considérées comme exemplaires au regard du maintien de l'unité nationale, le changement d'attitude à l'égard du phénomène partisan n'est pas sans rapport avec le jugement porté sur le bipartisme. On retrouve bien plus tard cette thèse sur le caractère naturel du dualisme en politique sous la plume d'Esmein[1] puis de Duverger[2]. Une des formes actuelles de l'« antipartisme » qui rappelle l'ancienne opposition aux factions s'exprime sans doute dans la préférence affichée pour le bipartisme

1. « Dans le rythme qui règle le jeu des lois naturelles, l'opposition des forces élémentaires et contraires figure au premier rang. Il en est ainsi dans le monde physique et dans le monde intellectuel et moral. Chez toute nation civilisée se produisent inévitablement deux tendances opposées qui rallient et groupent les hommes : l'esprit de progrès et d'initiative et l'esprit de résistance et de conservation. C'est de leur lutte constante, de leurs triomphes alternés, que résulte la vie des institutions, qui ne saurait rester stationnaire sans produire un arrêt de développement comme celui que l'on constate en Chine, mais qui ne saurait non plus se précipiter d'un élan trop rapide sans produire le dérèglement et la décomposition sociale. La constitution de deux grands partis, l'un conservateur, l'autre progressiste, destinés à se succéder alternativement au pouvoir sous le gouvernement parlementaire, est donc un phénomène probable, presque inévitable, si des causes particulières ne l'empêchent pas de se dégager » (A. Esmein, *Éléments de droit constitutionnel français et comparé*, Paris, Sirey, 1906, p. 167).

2. « Toute politique implique un choix entre deux types de solutions : les solutions intermédiaires se rattachent à l'une ou à l'autre. [...] À travers l'histoire toutes les grandes luttes de factions furent dualistes. [...] Chaque fois que l'opinion publique est placée en face de grands problèmes de base, elle tend à se cristalliser autour de deux pôles opposés. Le mouvement naturel des sociétés incline au bipartisme » (M. Duverger, *Les partis politiques*, Paris, A. Colin, 1951, p. 245).

ou la bipolarisation des tendances supposés favoriser la gouvernabilité des démocraties. Il faut comprendre que « les systèmes bipolaires tendent à converger vers le centre, ils sont donc centripètes ; les systèmes multipolaires polarisés tendent à être centrifuges : ils ont un pôle central, mais pas de pesanteur vers le centre, pas de tendance centripète — ce qui implique un processus de radicalisation croissante ; l'on peut dire que la polarisation l'emporte sur la dépolarisation. Quand la tendance d'un système politique est centripète, la politique est de style modéré ; un style politique extrémiste ou sans modération reflète, au contraire, la persistance de tendances centrifuges[1] ». La promotion du social et l'approche sociologique des partis n'ont pas complètement libéré le phénomène partisan des présupposés négatifs qui s'attachaient d'abord à son étude. C'est certes la non-superposition des clivages qui est censée assurer le pluralisme politique, ce que confirme la thèse marxiste qui tient à la fois la dénonciation du pluralisme politique et la domination d'un antagonisme sur tous les autres. Mais la réduction des clivages passe encore, dans les textes les plus consacrés de la sociologie politique, par le nombre limité des partis censés les exprimer et par le traitement proprement politique des divisions sociales.

Le deuxième élément lié à la considération des clivages sociaux touche à la promotion de l'idée de liberté. On a déjà vu que c'est au nom de la liberté

1. G. Sartori, « European Political Parties : The Case of Polarized Pluralism », *in* J. La Palombara et M. Weiner, *op. cit.*, p. 139 (trad. *in* J. Charlot, *Les partis politiques*, Paris, A. Colin, 1971, p. 252).

que certains des premiers libéraux français ou anglo-saxons penchaient, malgré une aversion première, pour l'acceptation des partis. Selon Tocqueville, c'est la liberté d'association qui permit aux États-Unis de faire l'apprentissage de la démocratie et c'est « en jouissant d'une liberté dangereuse que les Américains [apprirent] l'art de rendre les périls de la liberté moins grands[1] ». On connaît son analyse de l'entraînement tyrannique que fait subir à une démocratie la passion de l'égalité. C'est, dans l'autre sens, le goût de la liberté qui peut incliner les hommes à résister à cet empire[2].

Kelsen a plus tard systématisé cette vue dans sa théorie de la démocratie. Pour lui, le principe de majorité, fondamental dans une démocratie, suppose admise l'égalité, mais cette égalité n'est qu'une image parce qu'elle ne « signifie pas que les volontés ou les personnes individuelles soient effectivement susceptibles d'être mesurées et additionnées. On ne saurait justifier le principe majoritaire par l'idée que les voix en plus grand nombre l'emportent en poids sur les voix en nombre inférieur[3] ». Le principe majoritaire,

1. A. de Tocqueville, *op. cit.*, p. 511.

2. « Si, dans tous les temps, les lumières servent aux hommes à défendre leur indépendance, cela est surtout vrai dans les siècles démocratiques. Il est aisé, quand tous les hommes se ressemblent, de fonder un gouvernement unique et tout-puissant ; les instincts suffisent. Mais il faut aux hommes beaucoup d'intelligence, de science et d'art, pour organiser et maintenir, dans les mêmes circonstances, des pouvoirs secondaires, et pour créer, au milieu de l'indépendance et de la faiblesse individuelle des citoyens, des associations libres qui soient en état de lutter contre la tyrannie sans détruire l'ordre » (A. de Tocqueville, *op. cit.*, p. 635).

3. H. Kelsen, *La démocratie. Sa nature, sa valeur*, trad. fr., Paris, Économica, 1988, p. 21 (1re éd. 1929).

s'il est déduit de l'idée d'égalité, revêt un caractère purement mécanique et même absurde puisqu'il revient à reconnaître que les plus nombreux sont les plus forts et que la force prime sur le droit. Il n'y a en fait qu'une « seule idée qui conduise par une voie raisonnable au principe majoritaire : l'idée que, sinon tous les individus, du moins le plus grand nombre possible d'entre eux doivent être libres, autrement dit qu'il faut un ordre social qui ne soit en contradiction qu'avec la volonté du plus petit nombre possible d'entre eux[1] ».

C'est par là que la démocratie se sépare du libéralisme, dans cette transformation de l'idée de liberté qui signifiait au début la liberté de l'individu de toute domination politique et qui en arrive à signifier sa participation au pouvoir étatique. La liberté de l'individu en démocratie est refoulée au profit de la liberté de la collectivité : « le mot d'ordre n'est plus l'individu libre mais l'État libre ». Alors les partis deviennent dans ce cadre les « éléments les plus importants de la démocratie réelle ». En effet, c'est en leur sein que s'accomplit pour l'essentiel la formation de la volonté étatique : « Les impulsions qui viennent des partis politiques sont comme les nombreuses sources souterraines où s'alimenterait une rivière qui ne paraîtrait au jour que dans l'assemblée du peuple ou au Parlement pour couler désormais dans un lit unique[2]. » C'est, pour Kelsen, une illusion que de soutenir que la démocratie est possible sans partis politiques « car il est trop clair que l'individu isolé, ne

1. *Ibid.*, p. 21-22.
2. *Ibid.*, p. 29.

pouvant acquérir aucune influence réelle sur la formation de la volonté générale, n'a pas, du point de vue politique, d'existence réelle. La démocratie ne peut, par suite, sérieusement exister que si les individus se groupent d'après leurs fins et affinités politiques, c'est-à-dire que si, entre l'individu et l'État viennent s'insérer ces formations collectives dont chacune représente une certaine orientation commune à ses membres, un parti politique. La démocratie est donc nécessairement et inévitablement un État de partis[1] ». Quittant la logique libérale pour déployer toutes les implications de l'idée démocratique, Kelsen retrouve la compatibilité essentielle entre les partis et l'État dans une société individualiste. Pour lui, l'opposition supposée entre la logique partisane composée exclusivement d'intérêts parcellaires et matériels et la logique étatique seulement mue par un « intérêt général supérieur et transcendant aux intérêts de groupes » est une « illusion métaphysique » qui renvoie à un être collectif et organique dont l'existence est hautement problématique. C'est bien parce que la démocratie est une mécanique dont le principe réside dans le respect de la liberté individuelle et dans la possibilité de son expression qu'elle conduit à « l'organisation du peuple en partis politiques ». Le seul point sur lequel vient buter la théorie kelsénienne de la démocratie de partis touche au problème des modes de formation de la volonté en leur sein. C'est là que l'approche *ad intra* des partis révèle sa pertinence et engage vers une promotion nouvelle du politique.

1. *Ibid.*, p. 29-30.

La promotion du politique

Considérer les partis non plus comme des parties contre le tout mais comme des parties du tout, les envisager d'abord à partir du pluralisme social et culturel qu'ils expriment semble impliquer un rapport de conaturalité entre le social et le politique ou entre la société et son expression étatique. Mais il serait simpliste de croire que les partis ne font qu'enregistrer des données sociales pour les transmettre aux organes étatiques et convertir ainsi des demandes préexistantes en décisions. Il est assez clair que la réalité sociale censément traduite par les partis est d'abord constituée par eux et que les sociétaires expriment leur adhésion à une volonté politique que les partis ont suscitée. Les partis sont en réalité le pouvoir même. C'est pourquoi l'attention portée aux partis en tant que parties du tout doit conduire à les considérer non pas comme expression politique du pluralisme social, mais comme constitution d'un seul et même pluralisme dont la manifestation est finalement le rapport que les partis entretiennent entre eux et la consistance qu'ils donnent par là à une société autrement invisible.

Ce déplacement du regard porté sur les partis laisse intacte la question de leur mode propre de fonctionnement et l'interrogation sur les formes de pouvoir qu'ils mettent en œuvre. Mais c'est bien parce qu'à partir de la considération du pluralisme les partis apparaissent non comme des agents extérieurs à la société, mais comme sa propre constitution sur le mode politique, que la question de la nature du pouvoir qui s'exerce à l'intérieur même de l'organisation revêt une telle importance. L'approche *ad intra* des partis politiques et l'attention portée à l'organisation indépendamment de ses rapports avec la société conduisent à constituer le parti comme un tout, mais aussi à interroger son mode de fonctionnement et son identité indépendamment des buts qu'il affiche ouvertement poursuivre.

C'est Max Weber qui le premier a mis en évidence le rapport qu'entretient le parti dans sa vocation et son mode de fonctionnement non pas avec les clivages sociaux qu'il est censé exprimer, non pas avec les électeurs qu'il dit représenter mais avec les professionnels qui l'animent, le maintiennent et le dirigent. La définition que Weber donne du parti ne prend pas en compte la fonction manifeste remplie par l'organisation ni les buts qu'elle se propose explicitement mais place l'accent sur la logique interne et les intérêts propres des utilisateurs de la structure : « On doit entendre par parti des sociations reposant sur un engagement (formellement) libre ayant pour but de procurer à leurs chefs le pouvoir au sein d'un groupement et à leurs militants actifs des chances — idéales ou matérielles — de poursuivre des buts objectifs, d'obtenir des avantages personnels, ou de réaliser les deux ensemble[1]. » Précisant encore sa pensée, Weber ajoute qu'il « n'est pas rare que le "programme" matériel d'un parti ne soit qu'un moyen de provoquer les adhésions ». Enfin, puisque « l'exercice de la politique concerne des gens qui y sont intéressés [...] cet

1. M. Weber, *Économie et société*, trad. fr., Paris, Plon, 1971, p. 292 (1re éd. 1921).

exercice est entre les mains des dirigeants et des appareils de parti, aux côtés desquels les membres actifs ne se rangent la plupart du temps que comme acclamateurs [...][1] ».

Schumpeter pour sa part, partant des difficultés à vérifier la proposition centrale de la théorie classique de la démocratie selon laquelle le peuple se formerait une opinion sur chaque problème et désignerait des représentants pour exécuter ses volontés, met l'accent sur le rôle capital des états-majors dans la fabrication de cette volonté. Un parti n'est pas, « comme voudrait nous le faire croire la doctrine classique (ou Edmund Burke), un groupe d'hommes qui se proposent de promouvoir l'intérêt public en appliquant un certain principe sur lequel ils sont tombés d'accord. [...] Un parti est un groupe dont les membres se proposent d'agir de concert dans la lutte concurrentielle pour le pouvoir politique[2] ».

Les deux définitions et qualifications des partis par Weber et Schumpeter ne sont pas exactement superposables. Mais elles insistent l'une et l'autre sur le fait que la réalité des enjeux de pouvoir et les buts de l'organisation ne concernent que de manière lointaine la société prétendument traduite et les électeurs censément représentés. Considérer le parti dans sa logique interne et les hommes politiques dans leurs intérêts professionnels engage à tenir pour négligeables ou secondaires les différences politiques affichées par des organisations concurrentes, les différentes idéologies

1. *Ibid.*, p. 292-293.

2. J. Schumpeter, *Capitalisme, socialisme et démocratie*, trad. fr., Paris, Payot, 1965, p. 385 (1re éd. 1946).

ou les divers programmes qu'elles proposent aux suffrages, autrement dit ce qu'elles affirment traduire politiquement des distinctions d'opinions et des clivages sociaux, pour mettre en évidence la radicale autonomie du parti, son extériorité à l'égard de la société, sa poursuite privilégiée de fins endogènes. Nous examinerons dans le chapitre suivant le rapport qu'entretiennent les thèses sur l'oligarchie partisane avec la théorie démocratique. Il s'agit seulement ici de souligner que la visée *ad intra* des partis soulève à nouveau une question que le passage de la considération des factions politiques à celle des clivages sociaux semblait avoir fait disparaître : celle du caractère artificiel et diviseur des partis dont la recherche d'une élaboration du bien commun n'est que le voile encore d'appétits privés et de logiques particulières. Pour les tenants de cette approche, les partis considérés comme des entreprises ne traduisent plus une « demande » préalable mais façonnent entièrement l'« offre » et donc structurent la demande ultérieure qui n'est plus qu'une ratification formelle de luttes spécialisées, les enjeux réels de la démocratie désertant, semble-t-il, la société pour structurer la compétition interne au « champ politique[1] ». Dans cette filiation wébérienne, les partis constituent une réserve d'emplois et de capitaux spécifiques destinés d'abord à satisfaire les intérêts professionnels d'entrepreneurs en concurrence mutuelle. Ce sont les mêmes mécanismes de la professionnalisation qui contribuent à

1. Cf., sur cette problématique, P. Bourdieu, en particulier *La distinction. Critique sociale du jugement*, Paris, éd. de Minuit, 1979, p. 526-541.

construire les formes des organisations politiques. Ces formes ne s'opposent plus au regard de l'efficacité de la représentation mais seulement par rapport aux logiques internes de distribution et de rétribution des pouvoirs. Il devient alors plausible de considérer les interactions entre permanents, élus et électeurs non plus comme de simples rapports de disposition concentrique mais comme des rivalités entre intérêts divergents. D'une certaine manière, la conception libérale du parti légitime le rapport entre les électeurs et les élus et ignore le parti, organisation privée qui n'apparaît pas dans l'interaction électorale. La théorie wébérienne ou schumpétérienne des organisations met au contraire l'accent sur la position centrale et décisive de l'organisation, à l'intérieur de laquelle se situent les enjeux réels du pouvoir et les rivalités structurantes d'un débat que les fins exogènes de la compétition démocratique ne viennent qu'habiller et sans doute travestir.

Il resterait à analyser en quoi cette attention portée à l'organisation comme lieu réel des enjeux de pouvoir vient quelque peu réduire l'intérêt des typologies faisant de la structure du parti le critère principal de leur classification et de leur interprétation historique. On connaît la distinction de Maurice Duverger entre partis de cadre et partis de masse[1], celle de Sigmund Neumann entre partis de représentation individuelle et partis d'intégration sociale[2] et les révisions ou pré-

1. M. Duverger, *Les partis politiques*, *op. cit.*, p. 84-91, et « Sociologie des partis politiques », *in* G. Gurvitch, *Traité de sociologie*, Paris, PUF, 1960, t. II, p. 22-45.

2. S. Neumann, *Modern Political Parties. Approaches to Comparative Politics*, Chicago, Chicago University Press, 1956.

cisions de ces typologies par Otto Kirchheimer et Jean Charlot[1]. Comme le fait remarquer ce dernier, « tous les partis, en un sens, sont à la fois des partis de militants, de notables, d'électeurs ; l'important est de savoir sur quoi ils mettent eux-mêmes l'accent[2] ». Cette remarque a sans doute le mérite de déplacer l'éclairage sur les discours et les pratiques identitaires des partis et de redonner par là quelque force aux distinctions idéologiques et aux projets qu'ils proposent au choix démocratique.

À considérer les partis comme des sous-systèmes politiques mus par des logiques de compétition interne plutôt que comme des agents de traduction des clivages de la société on retrouve, encore plus aiguës, quelques-unes des questions centrales de la politique que les théories de la représentation avaient conduit à négliger. Les partis apparaissent certes comme un des points majeurs d'interrogation de la démocratie sur ses propres fondements et son propre fonctionnement mais, hors même de cette interrogation spécifique aux données de la modernité individualiste et séparatiste, ils ne laissent pas de rappeler de manière aiguë les oppositions fondant la dialectique de toute action et de toute pensée politiques : l'opposition entre ami et ennemi, entre commandement et obéissance, entre privé et public[3].

On sait que pour Carl Schmitt, la distinction spéci-

1. O. Kirchheimer, « The Transformation of Western Political Parties », *in* J. La Palombara et M. Weiner, éd., *op. cit.*, p. 177-200, et J. Charlot, *Le phénomène gaulliste*, Paris, Fayard, 1967.

2. *Ibid.*, p. 66.

3. Sur le sens de ces trois types d'oppositions, cf. J. Freund, *L'essence du politique*, Paris, Sirey, 1965.

fique du politique est la discrimination entre ami et ennemi[1]. Le sens de cette distinction est d'exprimer le degré extrême d'union et de désunion, d'association et de dissociation. « L'ennemi, ce ne peut être qu'un ensemble d'individus groupés, affrontant un ensemble de même nature et engagé dans une lutte pour le moins virtuelle, c'est-à-dire effectivement possible[2] ». Schmitt estime que tout antagonisme peut devenir politique dès lors qu'il est assez fort pour provoquer un regroupement effectif d'hommes en amis et ennemis. Même si le lieu d'éclosion principal de la dialectique ami/ennemi est le rapport entre les peuples, la guerre entre les peuples n'est pour Schmitt qu'un cas particulier de l'essence du politique, qui reste la rivalité entre les groupes. Et de ce point de vue, sa proposition théorique consiste d'abord à retirer le politique de l'obscurité dans laquelle le libéralisme l'a dissimulé[3]. Certes, le libéralisme ne veut connaître que les individus et la diversité de leurs opinions, mais dès l'instant où une rivalité est susceptible de s'appuyer sur des partisans et des groupements organisés, elle devient politique et détermine des relations de puissance entre les unités qui se définissent par la particularité de leurs intérêts. La thèse de Schmitt, réactivant cette vieille conception de la politique comme lieu exclusif de la lutte pour le pouvoir, révèle peut-être une des racines de la difficulté à concevoir la

1. C. Schmitt, *La notion de politique*, trad. fr., Paris, Calmann-Lévy, 1972, p. 66 et suiv (1re éd. 1932-1962).

2. *Ibid.*, p. 69.

3. Cf. H. Meier, *Carl Schmitt, Leo Strauss et la notion de politique. Un dialogue entre absents*, trad. fr., Paris, Julliard, 1990, p. 131 (1re éd. 1988).

réalité partisane dans le cadre de la démocratie libérale. Car les partis, au-delà de leur vocation supposée à définir l'ordre commun ou l'intérêt général, se définissent d'abord comme des unités politiques particulières s'opposant à d'autres unités rivales et c'est à certains égards cette rivalité même qui les constitue chacune en unité politique. À la suite des présupposés de Schmitt, les partis peuvent apparaître comme les lieux où se concentrerait cette opposition supposée fondatrice de la politique entre amis et ennemis que les idéologies unionistes tendraient à euphémiser derrière les notions d'intérêt et d'opinion. L'attitude si communément répandue de répudiation du fait partisan fauteur de divisions tient peut-être pour une part à ce que le parti pose la question de l'essence du politique et son caractère difficilement pensable dans le cadre de la socialité moderne, fondée sur la fiction du contrat et de l'intérêt partagé. Si l'inimitié, dans cette conception, est corrélative à la simple coexistence de groupements politiques rivaux, le principe du pluralisme lui-même condense dans les relations de concurrence et d'équilibre qu'il pose entre les parties l'essence du politique, qui avait été après Hobbes et Locke rejeté dans le chaos d'un état de nature supposé antérieur à la société. Que l'on aborde donc le parti du côté de la faction ou du côté du clivage, on ne peut manquer de retrouver, dès lors que la question du pouvoir réapparaît, les règles d'hostilité et de discorde que l'accent mis sur l'association et l'interaction avait tendu à cacher. Et il en est ainsi parce que, fondamentalement, la logique de Schmitt, comme les théories contemporaines se rattachant au néo-machiavélisme, ne cherchent pas à reconnaître les implications du pluralisme mais à traquer les ressorts du pouvoir derrière des logiques représentatives données pour mystificatrices.

La dialectique entre commandement et obéissance peut également être située au cœur de la problématique partisane dans la mesure où tout parti cherche à parvenir au pouvoir et à réaliser ses vues. S'il prétend susciter l'adhésion et développe pour cela des arguments et des promesses, c'est en vue d'une victoire qui demandera l'obéissance. Et parce que l'essentiel pour lui est de parvenir au pouvoir, il est en mesure d'exiger de ses membres une adhésion qui laisse peu de place à l'expression de l'opinion personnelle et du désaccord. Lorsque Locke fait de l'obéissance absolue des sujets et de leur renoncement à l'interprétation de la justice et du droit la condition première du maintien de l'État, c'est en fondant cette soumission sur l'intégrité de la personne et des biens que l'entrée en société est censée procurer aux assujettis. D'où la division du pouvoir afin qu'il ne se mue pas en servitude et la possibilité reconnue à l'individu de se rebeller si le pouvoir devient tyrannique et lèse le droit naturel. Rien de tel dans une logique guerrière, qui ne voit dans le parti qu'un ordre strictement hiérarchique ignorant l'opposition sinon comme sécession. Ce qui vient rendre l'obéissance apparemment plus acceptable dans un parti que dans un État, c'est que la soumission du partisan ne fait que suivre son engagement volontaire et qu'un désaccord éventuel peut se résoudre par la défection. L'efficacité de l'organisation tient à ce qu'elle n'est jamais contrainte de prendre en compte les divergences qui pourraient s'exprimer en son sein puisque la défection offre toujours une issue au désaccord insurmonté. Est ainsi manifeste l'inégalité du rapport de forces entre le parti et le partisan, comme sont visibles la place du commandement et celle de l'obéissance, la visibilité de ce rapport n'étant qu'épisodique puisque tout le travail du parti se mesure à sa capacité de faire passer l'obéissance du stade de l'hétéronomie à celui de l'autonomie et à masquer l'inégalité du rapport entre commandant et commandé par l'adhésion de ce dernier à la fiction selon laquelle c'est lui-même qui énonce l'ordre auquel il adhère. C'est évidemment là, dans la puissance inhérente à l'inégalité entre volonté dominante et volontés dominées et à l'unité que forme finalement leur relation, que pour les théories du pouvoir, par nature ignorantes de la logique pluraliste et des ressorts de la représentation, résident tout à la fois la spécificité de l'organisation partisane et son analogie profonde avec l'essence du rapport politique.

Les deux concepts originaires et également antithétiques de public et de privé révèlent le dernier présupposé du politique qui, là encore pour les approches inspirées par les postulats de l'irréductibilité du conflit, est particulièrement mis en lumière par le fait partisan. Si la sphère publique concerne l'activité sociale qui a pour but de protéger et de gérer une collectivité donnée en tant que ses membres ont une raison d'être en commun et la sphère privée l'activité des individus et leurs rapports interindividuels ou associatifs, on comprend en quoi le parti se situe précisément à la frontière de ces deux domaines et tient de cette position la fragilité de son statut et l'incertitude de sa légitimité. Le privé comme le public constituent des relations sociales et le parti lui-même est d'abord une institution de relations sociales. Dans un cas la relation se fonde sur l'autonomie des individus, dans l'autre sur l'indépendance de la collectivité. La constitution du parti repose sur l'adhésion libre des personnes et son fonctionnement relève du droit privé, sa vocation l'appelle au contraire du côté de la sphère publique et l'engage dans des relations de compétition avec d'autres visions particulières du bien public. L'expérience totalitaire est là pour rappeler que le conflit politique porte d'abord sur l'enjeu des frontières entre privé et public et sur la difficulté première de tout pouvoir à reconnaître l'autonomie du privé. Si la politique moderne se déploie autour de la force de l'opinion publique, il est surtout vrai que la démocratie consiste dans l'établissement de relations stables et équilibrées entre privé et public, la mise en place de procédures par lesquelles le privé donne consistance au public. Le parti est donc le lieu où se concentre cette tension inhérente à tout rapport politique et l'instrument par lequel s'expriment les divisions de l'opinion lorsque la relation publique est fortement structurée. Trait d'union entre la société qui ne connaît que des individus et des logiques privées et l'État qui ne s'exprime que dans la catégorie du public, le parti est toujours suspect de contenir et de forger les volontés particulières qui éclosent en son sein comme d'utiliser au profit de la logique autonome de son développement la force qu'il tire éventuellement de son accès aux fonctions publiques. Le parti, dans la mesure où sa constitution est privée et sa vocation publique, apparaît donc comme une manifestation claire de la tension qui fait de l'opinion l'enjeu du rapport politique entre privé et public. Mais ici la question s'est déjà déplacée et ce sont les rapports que le parti entretient non plus seulement avec l'essence du politique mais avec la nature du régime démocratique qu'il convient maintenant d'examiner.

Chapitre II

LE NON-DIT DE LA DÉMOCRATIE

Sur une perspective au moins, les approches que l'on vient de distinguer convergent : l'analyse des partis politiques s'ouvre nécessairement sur la question de la démocratie. La recherche peut se concentrer sur la nature des clivages, isoler l'organisation ou dénouer les liens de la représentation, elle engage toujours une réflexion sur la nature et le fonctionnement du régime. En ce sens, le parti est un objet construit, délimité pour les besoins de la recherche, que ne soutient pas une sociologie ou une philosophie propre. Il est bien ce que le mot désigne, élément d'un ensemble qui l'éclaire.

Le constat tourne au paradoxe quand on confronte les présupposés, très différents, de certains sociologues et historiens aux conclusions, parfois très proches, qu'ils énoncent. Le parti contrevient aux principes de la démocratie, considère Ostrogorski : il soumet les convictions personnelles et les commandements de la morale aux contraintes de l'organisation ; il abaisse la vie publique et comprime l'individu. Le parti n'assume pas les exigences de la vraie démocratie, juge Michels : il génère une bureaucratie ; il dissout la conscience des chefs et entretient l'esprit de soumission des masses. Le parti retrouve simplement en son sein les caractères pervers de la démocratie, tranche Cochin : l'individualisme, l'égalité et l'abstraction sociale. Trois présupposés inconciliables et qui pourtant conduisent à des observations analogues : l'organisation est une machine à produire de l'oligarchie, elle coupe artificiellement le peuple de ses représentants. Trois présupposés aussi qui, sous des formes très différentes, retrouvent et contestent les trois piliers de la démocratie : le citoyen compétent, doté d'une opinion personnelle ; le représentant autonome, légitimé par son mandat ; le pluralisme organisé, où s'accordent les exigences du particulier et du général.

La question de la représentation

C'est sans doute là que les perspectives se concilient le plus aisément. Au-delà des écoles, des hypothèses et des choix politiques, le même constat s'impose : tout parti fonctionne sur la sélection intérieure, connaît une coupure irréductible entre un petit groupe de dirigeants et la majorité des adhérents. Cohérente lorsqu'elle est énoncée par les porte-parole de l'élitisme ou du traditionalisme, la proposition devient pourtant plus contestable quand elle soutient des problématiques — dans leur fondement — démocratiques.

Premier schéma, celui que propose Augustin Cochin situe dans les principes mêmes de la démocratie les limites des sociétés de pensée : « Ce petit État est l'image exacte du grand, à une seule différence près ; il n'est pas grand, et il n'est pas réel. Ses citoyens n'ont ni intérêt direct, ni responsabilité engagée dans les affaires dont ils parlent. Leurs arrêtés ne sont que des vœux, leurs luttes des conversations, leurs travaux des jeux. Dans cette cité des nuées, on fait de la morale loin de l'action, de la politique loin des affaires ; c'est la cité de la *pensée*[1]. » Ici, le parti n'est pas une sorte de figure impure, mal accordée au système politique, il est la plus fidèle expression d'un régime condamné. La société de pensée ne connaît qu'un souverain, le peuple, maître d'une justice sans appel, rassemblement d'égaux qui, d'une seule voix, édicte la volonté commune, crée la loi, les droits et les devoirs. Cité démocratique, tout entière construite sur le principe d'égalité, il sécrète pourtant une direction, un cercle intérieur, une minorité qui concentre entre ses mains les pouvoirs et asservit le nombre. Selon quels mécanismes ? Cochin ne le dit pas : rapprochant la société jacobine de la machine américaine, du parti anglais, de la maçonnerie ou de la CGT française, il énonce une conclusion somme toute banale : « Il n'est pas vrai, jamais vrai, que dans une collectivité sociale organisée, la volonté collective, exprimée et formée au centre, soit la volonté du nombre au sens vulgaire du mot : volonté actuelle, réelle, positive de chacun. Plus il est parlé en son nom, et moins c'est elle qui parle[2]. » Esquissée mais jamais approfondie, la dialectique de l'autorité et de l'égalité reprend sous une forme radi-

1. A. Cochin, *La Révolution et la libre pensée*, Paris, Plon, 1924, p. XXX.
2. *Ibid.*, p. 131.

cale et appauvrie la leçon de Tocqueville : la démocratie ou le risque d'oppression de la majorité.

Précise dans l'exposé des modalités de délégation et de captation du pouvoir, l'analyse d'Augustin Cochin ne permet pas de distinguer les principes dont se réclament les organisations ; elle rassemble, mêle dans un même jugement des instances qui reposent sur des fondements différents : les partis anglais et le syndicat français, le *caucus* américain et la société jacobine, des machines qui ignorent les règles de la délégation et d'autres qui en consacrent l'importance. Cochin, qui n'a pas l'expérience du totalitarisme, ne comprend pas que la négation de la frontière entre le politique et le social engendre le pouvoir sans limites. C'est la fausse égalité que la démocratie pose entre citoyens abstraits qui, selon lui, explique la formation du cercle intérieur. Dans une logique apparemment parfaite, il condamne l'organisation parce qu'il en conteste la source. « Pas de liberté sans organisation ; pas de liberté avec l'organisation[1] » : la « loi » qu'il énonce ne vise pas le parti, elle atteint bien au-delà le principe qui remet au peuple le pouvoir de souveraineté.

Avec des éléments différents, la même cohérence se retrouve dans les lectures « instrumentales » de la démocratie. Enserrée dans les longs développements qu'il consacre aux limites de la doctrine classique de la démocratie, la définition que donne Schumpeter du parti — un groupe dont les membres se proposent d'agir de concert dans la lutte concurrentielle pour le pouvoir politique[2] — n'isole pas des caractères

1. *Ibid.*, p. 174.
2. Cf. *supra*, p. 62.

propres à l'organisation. Le parti éclaire simplement la véritable nature d'un système qui repose sur l'exclusion du plus grand nombre. Il permet de réguler la compétition, il pallie l'incompétence des masses, il n'est jamais un lieu où se forme l'opinion.

L'observation, qui pourrait être étendue à Max Weber[1], devient plus délicate lorsqu'on l'applique à l'étude classique de Roberto Michels. Par sa démarche, celui-ci rappelle Ostrogorski auquel il emprunte — sans d'ailleurs payer toute sa dette[2] — l'essentiel du cadre conceptuel. Par ses accents et son objet d'étude, il se rapproche aussi de l'analyse que développe au même moment Augustin Cochin. Par sa critique de la bureaucratie — « C'est l'ennemi juré de la liberté individuelle, de toute liberté individuelle, de toute initiative courageuse en matière de politique intérieure[3] » —, il retrouve Max Weber dont il est l'élève. Par sa formation politique et ses présupposés enfin, il développe des conclusions qui engagent une réflexion tout à fait originale sur la démocratie : une trentaine de pages, une synthèse ramassée où s'exprime sans doute de la manière la plus éclatante le statut incertain, brouillé du parti politique.

1. Simplement, pour Weber, le parti traduit moins les traits de la démocratie que ceux de la bureaucratie moderne.

2. On a plusieurs fois souligné que Michels a fait preuve de désinvolture à l'égard de son prédécesseur qu'il ne cite que quatre fois, « uniquement comme s'il s'était agi d'un spécialiste obscur des partis américains ». Cf. G. Ionescu, « Ostrogorski et sa théorie des partis politiques », *Commentaire*, n° 34, 1986, p. 298-306, et P. Avril, préface à M. Ostrogorski, *La démocratie et les partis politiques*, Paris, Fayard, 1993, p. 18-19 (1re éd. 1901).

3. R. Michels, *Les partis politiques*, Paris, trad. fr., Flammarion, 1971, p. 128 (1re éd. 1911).

Les partis démocratiques souffrent d'une maladie oligarchique ; le pouvoir est toujours conservateur ; à mesure que l'organisation grandit, la lutte pour les grands principes devient impossible ; l'État ne saurait être autre chose que l'organisation d'une minorité ; les révolutionnaires d'aujourd'hui sont les réactionnaires de demain ; la masse succombe à la magie du verbe... toutes ces affirmations, énoncées par Michels de manière catégorique, ne s'appuient pas sur les mêmes acquis théoriques et empiriques, ne suscitent pas les mêmes objections. Michels, qui sollicite les problématiques de la psychologie sociale, trace un portrait parfois contestable dans sa généralité de l'homme démocratique ; il n'échappe pas aux considérations hâtives sur les caractères nationaux : « la prédisposition psychique des Allemands à la subordination », leur « sentiment profond de la discipline », leur « dévouement au devoir ». Mais, appuyées sur des observations souvent rigoureuses et une intimité avec son objet, ces conclusions ne sont pas plus imprudentes que celles de Tocqueville ou d'Ostrogorski. Plus contestables sont en revanche les développements consacrés aux liens entre le parti et la démocratie : le sociologue peut énoncer un juste constat sur les rapports de pouvoir au sein de l'organisation, il devient plus hésitant lorsqu'il force les frontières de son cadre d'analyse.

La critique de cette approche, aujourd'hui bien argumentée, s'est exercée sur trois points : avant d'être une organisation, le parti est une instance de médiation entre la société et l'État ; le jugement sur la nature oligarchique du parti ne peut pas être appliqué sans réserve à l'ensemble du système politique ; la représentation n'est pas la négation de la démocratie.

Première critique : si le parti moderne trouve sa source dans l'élargissement du suffrage universel, il est sans doute plus judicieux de vérifier la fidélité de ses dirigeants au mandat des électeurs qu'à celui des militants : « La principale contribution des partis au contrôle populaire ne doit pas être recherchée dans leurs opérations internes mais dans leurs effets externes », comme le dit Robert Dahl[1]. Fasciné par les organisations socialistes, Michels en somme a buté sur l'écueil que Maurice Duverger, quarante ans après lui, a rencontré : une lecture téléologique et unifiée de l'histoire politique. Il a vu dans le parti de masse l'expression extrême, accomplie, de l'organisation sans percevoir que, malgré sa spécificité, celui-ci n'était que l'une des formes, pas nécessairement la plus efficace, d'agrégation des opinions et des intérêts. En ce sens, sa perspective est davantage celle d'un idéologue nourri aux sources de l'élitisme que celle d'un sociologue attentif aux différences.

Étroitement liée à cette objection, la seconde critique vise la confusion que Michels opère entre la démocratie dans le parti et la démocratie dans le tout. Fort de son analyse, dans l'ensemble convaincante, sur la concentration et la pérennité du pouvoir au sein du SPD, l'auteur des *Partis politiques* croit possible de conclure à l'impossibilité de la démocratie : « Les courants démocratiques qu'on constate dans l'histoire ressemblent à des ondes qui se suivent. Ils se brisent tous contre le même écueil. Et à tout instant il s'en produit de nouveaux[2]. » Mais malgré sa référence à

1. R. Dahl, *Democracy in the United States. Promises and Performance, op. cit.*, p. 281.
2. R. Michels, *op. cit.*, p. 303.

l'image dynamique des courants et des ondes, Michels se fige sur les structures et ne saisit pas la nature d'un régime qui s'apprécie dans les interactions. Comme le souligne Giovanni Sartori[1], il ignore que la démocratie ne s'apprécie pas au sein des organisations mais dans les relations entre les organisations. La démocratie exige une libre compétition, une ouverture régulée par les élections sur l'alternance ; elle se lit dans les constitutions des États, non dans les statuts des partis. Michels, en somme, a péché par excès d'individualisme méthodologique, il a cru que le tout se réduisait à la somme des parties.

Faut-il aller plus loin, inverser la problématique de Michels et voir dans le parti démocratique un obstacle à la juste expression du suffrage universel ? Le paradoxe n'est qu'apparent, comme le montre l'histoire du mouvement ouvrier : la social-démocratie, qui voulait appliquer ses principes de gouvernement au sein du parti, qui souhaitait en faire le déjà-là de la démocratie idéale, s'est constituée autour de la figure du militant. C'est à lui qu'elle a remis toute la légitimité au point d'exclure de ses instances de direction les parlementaires qui se réclamaient pourtant du suffrage universel. Pour elle, un parti démocratique était gouverné par ses adhérents et non par ses élus. Un raisonnement exemplaire mais dont la fragilité tenait à la définition de la base : dans un parti bien implanté, qui recrute de larges effectifs, qui tend à se confondre avec son électorat, le militant peut justifier avec assurance son pouvoir de décision ; dans une formation

1. G. Sartori, *Théorie de la démocratie*, trad. fr., Paris, A. Colin, 1973, p. 104-105 (1re éd. 1958).

pauvre en effectifs, qui ne recrute, comme en France, qu'une faible part de son électorat, les légitimités de l'élu et du militant se heurtent, la démocratie du parti s'impose aux dépens de la démocratie du tout. Comme le souligne Robert McKenzie[1], le parti démocratique de Michels est aussi celui qui heurte le plus les conventions du système parlementaire où les élus ne sont responsables que devant leurs électeurs.

On ne conclura cependant pas sans réticence au bienfait des formations oligarchiques. Poussé à son terme, le paradoxe ferait de ce type d'organisation la meilleure garantie de la démocratie. La démocratie du tout serait mieux assurée en l'absence de démocratie des parties. Or le parti est aussi un lieu de formation, d'apprentissage du citoyen ; il donne dans son cercle intérieur l'image de la société qu'il défend à l'extérieur : le centralisme démocratique des partis communistes, le heurt des légitimités dans les social-démocraties, le pouvoir des élus dans les formations libérales expriment bien trois lectures très différentes du système politique. C'est justement une des limites de Michels — qu'il serait bien curieux de reproduire en quelque sorte à l'envers —, il a négligé les formes pour ne considérer que les forces. Les textes ont, chez lui, perdu toute importance : les phénomènes d'oligarchie, réels dans toutes les social-démocraties, ont pris valeur d'exemple alors qu'ils n'étaient qu'un effet pervers de l'organisation. Le parti formellement démocratique est devenu l'archétype des formations formellement oligarchiques.

1. R. McKenzie, *British Political Parties*, Mercury Books, 1964, p. 644. Cité par P. Avril, *Essais sur les partis*, Paris, LGDJ, 1986, p. 130-140.

Ce qui pour Michels pouvait apparaître justifié — le socialisme comme idéal type, comme caricature des autres formations — pose ainsi problème. Il était discutable d'isoler l'organisation et d'apprécier le système politique à l'image du parti, il devient contestable — c'est la troisième critique — de trouver dans les formations socialistes le seul terrain d'expérimentation de la démocratie. Michels, comme on l'a plusieurs fois noté[1], a une conception rousseauiste de la démocratie. Il conçoit mal le principe du leadership et tend à exclure toutes les formes de gouvernement représentatif. Rejetant la prétention des syndicats à instaurer une nouvelle forme d'organisation démocratique, il le dit comme par lapsus : « Le problème consiste plutôt à trouver un moyen de réduire au minimum le principal défaut inhérent à l'organisation, c'est-à-dire la domination de la majorité par la minorité. Et voilà qu'une école politique [...] affirme avoir trouvé dans le syndicalisme l'antidote de la démocratie autoritaire. *Mais l'antidote de l'oligarchie peut-elle consister dans une méthode qui découle, elle aussi, du principe de la représentation ?* Il semble plutôt que ce principe même s'oppose d'une façon irréductible à la quintessence démocratique du syndicalisme[2]. »

Loin d'être exemplaires, les partis socialistes peuvent ainsi apparaître comme une exception dans la sociologie des organisations. Tout entiers construits

1. Cf. en particulier G. Sartori, *Théorie de la démocratie*, *op. cit.*, p. 103-104, et J. Plamenatz, *Democracy and Illusion*, Londres, Longman, 1973, p. 53 et p. 55-56.

2. R. Michels, *op. cit.*, p. 254. Les mots en italique sont soulignés par nous.

sur le modèle de la démocratie directe — le parti se gouverne lui-même par ses congrès —, rejetant la conception libérale de la séparation entre la société civile et l'État — la classe se fond dans le parti —, ils ne peuvent illustrer les caractères des formations qui fonctionnent selon les mécanismes complètement différents de la délégation. En ce sens, ils ne sont oligarchiques que parce qu'ils contreviennent à leurs propres principes, dans la mesure et seulement dans la mesure où la représentation est — selon leurs promoteurs et les observateurs qui, comme Michels, partagent le même présupposé — contraire à la démocratie. On ne peut pas vérifier les limites de la démocratie représentative en s'appuyant sur une institution qui repose sur le principe de l'incarnation[1].

Énoncée sous la forme du syllogisme, la position de Michels est dans un sens aussi cohérente que celle de Cochin. En socialiste, l'auteur des *Partis politiques* fait des organisations un élément essentiel à la démocratie ; il les assimile à la classe qu'elles prétendent incarner et mesure à cette aune les limites de leur

1. Sur ce point, on ne peut pas partager l'opinion de Giovanni Sartori qui justifie l'échantillon de Michels : « Le parti social-démocrate allemand d'avant la guerre de 1914 peut encore servir de modèle pour l'étude des grands partis de masse en Europe, lesquels ne sont certainement pas plus démocratiques, ni par leur origine ni par leur structure » (*Théorie de la démocratie*, *op. cit.*, p. 103). Sartori, qui a pourtant bien retrouvé l'héritage idéologique de Michels (Proudhon, Marx, Bakounine) et qui a distingué soigneusement le modèle démocratique dont ce courant se réclame et le modèle libéral de représentation, ne tire pas les conséquences de son analyse puisqu'il met sur le même plan et croit possible de comparer deux formes de partis — les libéraux et les socialistes — qui ne reposent pas sur les mêmes principes d'organisation.

performance ; de l'échec du SPD il conclut à l'impossibilité de la démocratie. Vérifiant une fois de plus que la sociologie critique des partis politiques est une écriture, souvent masquée et honteuse, sur la démocratie, il glisse sans précaution d'un plan à l'autre au point de perdre ses repères et de mêler les regards du politique et du savant. Michels, le croyant qui juge à la lumière de l'absolu socialiste, nourrit son étude d'une série de considérations élitistes, multiplie les annotations sur la vénération, l'adoration et la reconnaissance que les militants ont pour les chefs. Il perd son objet au point de confondre les termes : la bureaucratie et l'oligarchie, la démocratie et l'absence de représentation, la partie et le tout. Comme chez Cochin, le parti est un palimpseste, un écran où se décrypte un projet moins avoué et plus complexe.

Faut-il étendre l'observation à la troisième grande figure de la sociologie des organisations, celle d'Ostrogorski ? Premier à développer la problématique de l'oligarchie, celui-ci la relie aussi à une réflexion sur la démocratie : « C'est [le gouvernement de l'Angleterre] une démocratie dirigée par une oligarchie. Cette étrange situation a été créée par toute une combinaison de forces et de mouvements, primitifs et dérivés. Mais quand on veut sortir de là, on se heurte sur toute la ligne au même obstacle : le système actuel des partis. Redresser le ressort moral du citoyen ? Il est comprimé par le parti rigide comme par un étau. Rendre à la Chambre populaire son indépendance, ses pouvoirs constitutionnels ? Ils sont hypothéqués aux partis. Recouvrer le gouvernement de discussion ? Par qui, est-ce par le parti en majorité qui coupe la parole avec la "guillotine", ou par le parti en minorité qui se défend au moyen de l'obstruction ? Remettre le pouvoir exécutif usurpateur à sa place, soumettre la bureaucratie à un contrôle vigilant ? Les exigences de la lutte des partis les protègent comme par une muraille[1]. » Les partis sont certes dans ce texte au centre de l'analyse et la captation du pouvoir reste le principal obstacle au fonctionnement harmonieux des institutions politiques. Loin de fonder le pouvoir du militant, le *caucus* a favorisé la formation d'une sorte de césarisme populaire du « grand chef du parti » ; autrefois *primus inter pares*, le leader est maintenant un « général commandant en chef une armée » sans grande responsabilité ni obligation. Ostrogorski parle d'autocratie, d'absolutisme, de despotisme. Le sobriquet américain de *caucus* le dit bien : le parti est associé « aux manœuvres et aux artifices des brasseurs électoraux sans scrupules, et à la corruption politique[2] ».

Pourtant, malgré la sévérité du jugement, l'analyse reste prudente dans son ouverture. Le *caucus* est une pathologie de la démocratie, il n'en est pas le révélateur. Produit-il du conformisme et du mimétisme ? Contribue-t-il à masquer le sens des débats idéologiques ? Il suffit d'y renoncer pour retrouver dans sa pureté la démocratie. Constat troublant si on le rapproche de ceux énoncés par Cochin et Michels : le même accent, le même vocabulaire, la même violence des mots et pourtant des conclusions très éloignées. Nouvelle preuve s'il en était besoin qu'il n'y a pas de sociologie heureuse et sobre du parti politique. Même

1. M. Ostrogorski, *op. cit.*, p. 361.
2. *Ibid.*, p. 114.

quand il isole l'organisation, l'observateur s'engage sur une problématique de la représentation.

La question du citoyen

En accentuant le phénomène de l'oligarchie, les analyses que l'on vient de privilégier dessinent en creux, de manière plus ou moins nette, la figure centrale du citoyen en démocratie. Ostrogorski insiste sur les rétributions de l'engagement, Michels et Schumpeter sur l'incompétence, Cochin sur les instincts que libère l'individualisme, mais dans tous les cas la critique des partis et de la démocratie ouvre sur une conception originale de l'individu en politique.

Confirmant son adhésion de principe au modèle démocratique, Ostrogorski ne fonde pas le pouvoir du leader sur la démission du citoyen. À l'inverse des théoriciens élitistes, il situe dans le formalisme la cause du tarissement de l'idéal et recherche dans l'individu le ressort de la démocratie : « Pour que l'idéal ne se dessèche pas, il faut qu'il s'alimente sans cesse aux sources invisibles dont il dérive : les consciences et les intelligences individuelles[1]. » Libérée des rituels et des contraintes de l'organisation, l'opinion de chacun compose, transige et contribue à la formation de l'intérêt général. Dans un paragraphe où il oppose la conception libérale au modèle rousseauiste de la volonté générale, Ostrogorski dégage les bienfaits de l'individualisme qui a su abattre les barrières de l'Ancien Régime sans engendrer la dispersion sociale :

1. *Ibid.*, p. 674.

« La démocratie, loin de réduire la société en atomes [...], portait les intérêts sociaux divergents à s'accommoder[1]. » Mais à l'image de Montesquieu, il considère aussi que les masses, habiles à désigner leurs gouvernants, n'ont pas de compétence à gouverner : « On aura beau les investir de tous les droits d'initiative populaire, de législation directe, de gouvernement direct, c'est toujours une petite minorité qui gouvernera, en démocratie aussi bien qu'en autocratie[2]. » Les progrès de l'instruction et de la pédagogie civique permettront de limiter le pouvoir des minorités dirigeantes, de les intimider : là s'accomplira la mission de la démocratie.

Ostrogorski déplore le dévoiement de la démocratie et la part excessive qu'a prise le leader dans la direction du *caucus* mais, même dans ses passages les plus sévères, il ne conclut pas à l'exclusion fatale des individus sans grade. Il n'est pas pessimiste, il n'est pas élitiste malgré ses accents sur le caractère inéluctable de la séparation entre gouvernés et gouvernants. C'est un libéral, mais en quelque sorte contrarié, qui ne parvient jamais totalement à concilier son attachement à la libre confrontation des intérêts et sa recherche de la morale politique. Il consacre ainsi de longs développements à la part excessive que les rétributions prennent dans l'organisation : dans des milieux caractérisés par la passivité et le manque d'intérêt civique, le parti s'attache les votes et le soutien des citoyens en multipliant les dons, les récompenses et les avantages personnels ; il est autant

1. *Ibid.*, p. 692.
2. *Ibid.*, p. 666.

une société de bienfaisance et un club de loisirs qu'un groupe politique guidé par la recherche du bien public. L'observation, qui sera reprise par Max Weber[1] et étendue par Mancur Olson à toutes les formes d'action collective[2], a ici un caractère moral : donnant le pas à l'intérêt sur l'idée, le parti abîme l'esprit public du citoyen et l'enferme dans son ignorance.

Ostrogorski déplore tout ce qui fige et renforce les égoïsmes. Mais il ne pousse pas à son terme l'analyse, bien au contraire puisqu'il paraît trouver dans la suppression des organisations permanentes, des « partis omnibus », une manière d'assurer, au sein même de l'espace politique, le libre jeu, on pourrait dire le libre échange, des idées et des intérêts. On ne l'a pas assez noté[3], la solution de l'organisation *ad hoc* apparaît comme une tentative d'adapter, dans l'espace politique, les modalités de fonctionnement et d'organisation de la société de marché. Ostrogorski, qui ne croit pas à l'hypothèse du dualisme naturel de l'esprit humain, à l'opposition irréductible de deux tendances, conservatrice et progressiste, insiste sur le

1. M. Weber, *Économie et société*, *op. cit.*, p. 292.

2. M. Olson, *Logique de l'action collective*, trad. fr., Paris, PUF, 1978 (1re éd. 1966).

3. Pierre Rosanvallon a engagé une réflexion dans ce sens en notant qu'Ostrogorski ne pense la politique qu'à partir des mouvements de la société civile. Mais il n'est pas sûr que ce dernier exprime dans cet élan, comme le pense Rosanvallon, un refus de la question du politique. Ostrogorski ne confond pas les idées et les biens matériels. Il entend simplement appliquer à la sphère politique la solution libérale de la libre confrontation des intérêts. P. Rosanvallon, introduction à l'édition abrégée de M. Ostrogorski, *La démocratie et les partis politiques*, Paris, Le Seuil, 1979, p. 20.

caractère pluriel des sociétés modernes : partout la civilisation a substitué la variété à l'unité des aspirations, le mouvement à la stagnation ; partout la démocratie a invité les adversaires à réduire leurs divergences, à les fractionner, à les adapter aux besoins pratiques du moment.

L'erreur, pour Ostrogorski, a été de concevoir la vie politique sous l'aspect métaphysique de l'unité, la société comme un ensemble d'individus abstraits, la volonté générale comme une entité. Loin de Rousseau, il pense que « le caractère contractuel de l'association » se prolonge au-delà de l'acte qui la constitue, que la volonté générale n'est pas un être, mais un phénomène, la traduction de rapports entre des êtres qui prend dans la société des expressions multiples : « On voit constamment aujourd'hui des personnes qui appartiennent à des sectes religieuses rivales faire cause commune en dehors des Églises ; on est d'accord en politique et on diffère dans les controverses scientifiques, littéraires ou autres ; on se combat dans une profession, au barreau, à la bourse ou ailleurs, et on reprend des relations d'amitié dès qu'on a quitté ce terrain litigieux. Pourquoi la même attitude appliquée d'une manière méthodique aux problèmes politiques, qui à leur tour se sont différenciés, serait-elle grosse de confusion [1] ? » Libérer l'individu de l'emprise des partis c'est pousser à son terme le processus qui s'est d'abord exprimé dans la société civile, concevoir l'échange des idées et des valeurs sur le modèle de celui des biens. L'invention de l'associa-

1. M. Ostrogorski, *La démocratie et les partis politiques*, Paris, Fayard, 1993, p. 697.

tion *ad hoc*, c'est la pleine application à l'espace politique de la problématique libérale, le rêve d'une société débarrassée de toutes ses contraintes artificielles.

À l'opposé d'une telle conception, la lecture de Cochin s'attache évidemment à retrouver dans la figure du citoyen engagé tous les stigmates des idéologies individualistes qui coupent l'individu de ses repères sociaux et le livrent à l'emprise de ses besoins primitifs. Cochin déplore, comme Ostrogorski, l'abstraction des formules politiques — sans considération de moment, de race ou de milieu, les contractants sont des penseurs au sens le plus vague du terme —, mais à la différence du sociologue russe dont il se réclame pourtant à plusieurs reprises, il voit dans la société de pensée le prototype d'un régime social où la servitude est comme la face cachée de la liberté théorique.

Dans une analyse qui prolonge les remarques de Gustave Le Bon — pourtant jamais cité — et qui, sur certains points, préfigure les lectures contemporaines du totalitarisme, Cochin décrit un individu à la fois atomisé et dissocié : « La société se compose de demi-hommes qui ne tiendraient pas seuls, qui tiennent en s'appuyant les uns sur les autres, ou plutôt en complétant leurs lacunes par des forces "prises à la masse". Chacun est lui-même pour une face, la machine même pour l'autre. Il y a là un échange, une opération délicate dont il faut se rendre compte, la "transaction sociale", qui attache l'individu à la machine impersonnelle[1]. » Formellement, la liberté gouverne tous les actes, le vote permanent est la règle, mais, poussée à

1. A. Cochin, *op. cit.*, p. 154.

son absolu, cette règle conduit à la servitude : la liberté devient la condition de la contrainte sociale. Dans une distinction caractéristique des doctrines organicistes, Cochin oppose la *personne*, être naturel seulement titulaire de droits relatifs, soumis à une hiérarchie que couronne l'Être divin, seul absolu qui compte, à l'*individu*, être abstrait relié à la société par une solidarité impersonnelle et forcée.

C'est à partir de cette problématique pourtant très isolée dans la sociologie des organisations que Cochin peut décrire, dans des termes analogues à ceux employés par Ostrogorski et Michels, la soumission de l'individu au groupe. Les sources ne sont pas toujours convaincantes ni d'égale valeur mais les conclusions conservent la cohérence que l'on a déjà notée à propos de la figure du représentant : dans la société de pensée, se décèlent les formes les plus extrêmes de la remise de soi. L'intérêt, la peur, la délation, la passivité, tous ces égoïsmes que libère la machine sont autant de ressorts de la docilité. Le parti consacre le délitement du lien social et l'isolement moral. Il ne suffit pas de le supprimer, on retrouverait à l'identique la société qu'il consacre. Il ne suffit pas de libérer l'individu de son emprise, c'est l'individu lui-même, tel que le pose la société moderne, qui est en cause. Il faut renoncer aux nouveaux universaux — le peuple, l'opinion, la société de libre pensée — pour rétablir le sujet croyant dans l'État protecteur.

L'interprétation du citoyen engagé prend une dernière forme chez Michels, celle de l'élitisme. À l'apathie des militants, à leur sentiment de reconnaissance, à la division du travail imposée par le développement des grandes organisations, tous ces ressorts de l'obéissance et de la soumission, l'auteur des *Partis politiques* ajoute un dernier élément, essentiel dans son analyse, l'incompétence du militant. Privilégiant dans la culture politique la dimension cognitive, il réduit les rapports de pouvoir au modèle classique de la connaissance intellectuelle : « De même qu'on obéit au médecin parce que les longues études qu'il a faites le mettent à même de connaître le corps humain mieux que le patient lui-même, de même le patient politique doit s'en remettre de ses affaires au chef du parti, lequel possède la compétence qui lui fait défaut[1]. » Nul optimisme ici, nulle croyance au pouvoir libérateur de la pédagogie, mais un constat dépouillé, tranchant, qui détruit le postulat central de la démocratie. Michels sous-estime la valeur politique des expériences les plus personnelles, les réduit à des manifestations secondes, sensationnelles ou sentimentales. Lui qui souligne à plusieurs reprises le très faible intérêt des citoyens pour les affaires publiques et voit dans l'incompétence des masses le fondement le plus solide du pouvoir des chefs, reconnaît pourtant que les réunions où l'on parle de l'impôt sur le blé, de la révolution russe ou des sujets d'intérêt général attirent beaucoup plus de monde que les réunions consacrées aux questions de tactique et de théorie[2]. Mais concentré sur la question de l'organisation, il néglige ses propres enseignements et privilégie ce qui est étroitement politique : la compétence technique, le savoir-faire, le métier.

Michels n'a pas de respect pour le « chaland » qui

1. R. Michels, *op. cit.*, p. 80.
2. *Ibid.*, p. 50.

succombe au discours du professionnel. Et malgré sa référence au médecin, au politique-savant, il n'a pas non plus de réelle considération pour les chefs de parti. Plus qu'une connaissance livresque, ceux-ci ont un sens pratique, une prudence qu'ils ont acquis sur le terrain ; ils se repèrent dans les dédales les plus secrets des affaires, ils dominent par leur capacité à manier la périphrase, la digression et la subtilité terminologique. Ce sont des bricoleurs, des manipulateurs, des bonimenteurs habiles à imposer des choix contraires aux textes les plus consacrés. La métaphore n'est pas excessive : pour l'auteur des *Partis politiques*, les leaders sont bien des « hommes d'affaires » auxquels les masses remettent le pouvoir de « gérer leurs propres intérêts[1] ».

Très caractéristique de la démarche élitiste, l'analyse glisse ainsi de l'ordre de la science à celui de l'économie. Elle rappelle les conclusions de Schumpeter qui, tout en assimilant le parti à une entreprise, décrit des acteurs démunis, privés de leur jugement le plus élémentaire. L'avocat, qui, dans son métier, « concentre ses connaissances, son expérience, son intelligence, sa volonté pour assimiler les pièces de son dossier », oublie les exigences de la science — la méthode critique — lorsqu'il entre en politique et, de manière générale, « le citoyen typique, dès qu'il se mêle de politique, régresse à un niveau inférieur de rendement mental. Il discute et analyse les faits avec une naïveté qu'il qualifierait sans hésiter de puérile si une dialectique analogue lui était opposée dans la sphère de ses intérêts réels. Il redevient un primitif[2] ».

1. *Ibid.*, p. 79.
2. J. Schumpeter, *op. cit.*, p. 346.

Au fond, la démocratie pèche à la fois par son incapacité à adopter le modèle de la science et par sa réduction aux pratiques les plus archaïques de l'économie. Ce ne sont pas les plus savants qui dictent la voie aux plus démunis. Bien au contraire, ce pseudo-médecin qu'est l'homme politique décrit par Michels s'impose à des auditoires souvent cultivés — le petit-bourgeois et le jeune intellectuel plutôt que l'ouvrier passif, tôt couché et mal informé — par sa seule capacité à manier le discours et à se repérer dans l'espace politique. Et l'entreprise que décrit Schumpeter est un espace curieux où le « consommateur-client » a bien du mal à se prononcer sur la qualité des produits. Du modèle classique hérité des Lumières il ne reste rien : ni l'opinion informée du citoyen, ni le pouvoir légitime de délibération du représentant. C'est peu de dire que la problématique élitiste détruit avec les instruments de la sociologie des organisations les illusions métaphysiques des pères fondateurs ; elle sape systématiquement, l'une après l'autre, toutes les bases de l'invention démocratique. Jankélévitch a une belle formule qui pourrait résumer toute la difficulté de l'ambition démocratique : « L'oiseau n'est pas un docteur ès sciences qui puisse expliquer pour ses confrères le secret du vol. Pendant qu'on discute sur son cas, l'hirondelle sans autres explications s'envole devant les docteurs ébahis[1]. » Mais, à la différence de l'hirondelle, le sujet démocratique laisse rarement le docteur ébahi.

1. V. Jankélévitch, *Le je-ne-sais-quoi et le presque-rien*, t. III, *La volonté de vouloir*, Paris, Le Seuil, 1980, p. 84 (1re éd. 1957).

La question du pluralisme

Derrière le traitement en apparence anodin du parti c'est une anthropologie de l'individu en politique qui se décrypte ainsi. En accord sur les mécanismes d'oligarchie engendrés par le parti, les analyses dont on vient de rendre compte s'appuient sur des conceptions très différentes du citoyen. Le parti devient l'objet ambigu qu'observent avec le même regard trois conceptions — organiciste, libérale et démocratique — pourtant très éloignées de la société politique. Cristallisant toutes les critiques, il apparaît comme l'exemple même de la difficulté à concevoir une instance de médiation entre le politique et le social.

D'où vient cet étrange accord de trois approches aussi manifestement différentes ? Cochin place aux deux pôles de son paradigme l'unité : dans une perspective holiste, il ne peut que concevoir un social intégré et un politique unifié. Voilà pourquoi il rejette le principe même du parti qui accomplit le projet de la démocratie en décomposant la personne en « fragments humains ». Le parti a besoin de caractères morcelés, d'« hommes incomplets, ayant une lacune, soit du côté de la conscience, ou du côté de la raison, ou du côté du bon sens, qui les rende impropres à se suffire à eux-mêmes[1] ». Il demande au citoyen l'abandon de lui-même au nom du bien général. Il n'est ainsi que l'instrument ultime, le plus perfectionné d'une division qui trouve ses sources ailleurs, dans le projet de la démocratie qui aspire à construire un être anonyme, impersonnel. Tout est ici artificiel : l'unité de

1. A. Cochin, *op. cit.*, p. 223.

base — le citoyen plutôt que la personne —, l'espace — le politique qui représente au lieu d'incarner —, le projet — la totalité plutôt que l'unité.

Ostrogorski raisonne au contraire de bout en bout en termes de pluralité et voit dans le *caucus* une machine qui unifie sans raison l'individu. Il croit à l'union par la diversité. L'homme est comme la société, pluriel et dissocié. Dans une tradition qui peut se réclamer de Montesquieu, Ostrogorski retrouve en fait l'esprit des institutions américaines et annonce les conclusions de l'école polyarchique : la démocratie moderne fonctionne sur les principes du marchandage et de l'ajustement. Elle ne connaît pas d'arbitrage définitif puisque l'individu, inscrit dans des associations multiples, peut alternativement se retrouver dans le camp de l'opposition ou dans celui de la majorité. À l'opposé de Cochin, il croit que la dissociation de l'être est la meilleure garantie de son identité. L'individu permet de recomposer l'ensemble, mais à partir d'une vérité éclatée : il est bien comme dans la vie quotidienne où il doit à tout moment signer différemment les marques de son identité.

Michels enfin rejette l'organisation qui ne réalise pas la démocratie absolue, mais il est aussi le seul qui affirme d'emblée la nécessité de l'organisation qui exprime et unifie la classe. Chez lui, le parti retrouverait presque sa fonction première — organiser la pluralité, créer une volonté collective — s'il n'était pas d'emblée condamné par la démesure de son projet de démocratie absolue. Michels, le rousseauiste, le socialiste — du moins au moment où il écrit *Les partis politiques* —, ne conçoit pas de division entre le politique et le social, mais il ne croit pas non plus à la capacité d'auto-gouvernement des masses. Il déplore la division du travail politique mais il ne parie guère sur la perfectibilité du citoyen. D'où ses conclusions étranges où le rejet de la monarchie pure côtoie le rêve d'une « aristocratie d'hommes moralement bons et techniquement capables », où le pessimisme sur la démocratie est corrigé par une foi mesurée dans la souveraineté populaire. L'ambition du sociologue trouve ici ses limites les plus évidentes : le savant n'entend pas indiquer des voies nouvelles,mais l'homme engagé s'enferme dans des contradictions insurmontables.

Les présupposés, en somme, ne sont pas les mêmes mais les termes de l'argumentation se rejoignent : le parti n'est pas pensé dans sa fonction de médiation. Théoriquement conçu comme un instrument de réduction des clivages, de transformation du multiple en Un, il prend les formes du parasite dans tous les paradigmes qui conçoivent autrement l'articulation du politique et du social. Il est un parasite quand il unifie, il l'est aussi quand il dissocie.

On ne sera pas étonné de ce paradoxe : au contact du public et du privé, le parti retrouve tous les caractères et les incertitudes de l'entre-deux. Et c'est aussi à cette position qu'il doit le traitement que la science politique lui applique. Dans les problématiques dominantes, le politique est défini par l'usage légitime de la violence et la démocratie se caractérise par son échec à assurer la participation informée des citoyens. Tout imprégnées d'élitisme, les réflexions sur le politique sont aveuglées par ce qui domine et exclut : l'espace public n'est pas le lieu où se forme le consentement et se résolvent les tensions, et l'élection n'est pas le moment où s'efface la frontière entre les gouvernants et les gouvernés. Le sociologue politique a ici pour mission de décrypter le réel, de dégager la vanité du projet. Il n'éprouve pas sa dignité dans la recherche des fils qui relient les conventions de la démocratie aux expériences du quotidien, mais bien plutôt dans l'inventaire des ratés ou, mieux encore, de la vanité du système. À l'objection d'Hannah Arendt qui rappelle le caractère essentiellement pré-politique de la violence, le sociologue opposera ainsi la perversité des mécanismes de « violence symbolique » ; aux lectures attachées à la spécificité et à la dignité du politique, il préférera le répertoire de l'économie, le vocabulaire marchand de l'entreprise, des biens ou des rétributions ; à la naïveté des Lumières il substituera la lucidité de la science.

C'est à l'audience de cette problématique que l'on doit sans doute le succès des thèses de Roberto Michels, l'évidence avec laquelle est reçue la « loi » d'airain de l'oligarchie dont on vient de souligner les présupposés. Comme pour confirmer que l'écriture sur les partis livre bien une conception du politique tout entier, la sociologie voit dans *Les partis politiques* l'un des ouvrages fondateurs de la discipline, celui qui a su dégager les ressorts cachés de la domination. Ignorant le caractère complexe des institutions, elle réduit leur substance à cette dimension, et elle le fait d'autant plus facilement que le parti politique peut apparaître comme la meilleure expression de l'incapacité de la démocratie à assumer son projet. Plus que les gouvernements, c'est l'homme de parti — le boss ou le secrétaire — qui révèle les tendances oligarchiques des régimes contemporains.

Par sa dimension hiérarchique et sélective, mais aussi par sa difficulté à distinguer le privé et le public, le particulier et le général, la rétribution personnelle et le bien commun, le parti illustre à l'idéal les caractères de la démocratie.

Cette perspective permet de comprendre le privilège que la sociologie accorde à l'étude du cercle intérieur. De manière révélatrice, c'est sur la nature de l'organisation que Maurice Duverger construit sa typologie : un vrai parti se définit moins par sa capacité à mobiliser l'électorat que par la perfection de ses structures. Plus que la référence rituelle à la fonction d'agrégation des demandes assurée par les instances de médiation, compte le critère décisif, massif du rapport au pouvoir.

Ainsi énoncée, la problématique ne peut qu'ignorer les mécanismes assurant la circulation et la rencontre des volontés, réduire les relations entre société et État à l'exclusion des gouvernés par les gouvernants. Elle affiche son désintérêt pour les traductions institutionnelles du pluralisme pour mieux livrer sa lecture unitaire du politique : la référence rarement justifiée au concept de classe politique et l'intérêt porté au pouvoir laissent peu de place à une interrogation sur le multiple.

C'est pourtant sur ce point que l'on voudrait maintenant s'interroger, moins pour souligner la solution heureuse que la démocratie a donnée à la question du pluralisme que pour retrouver derrière son échec relatif les racines profondes de l'« antipartisme ». Où que l'on regarde, la sociologie des partis politiques oblige à déplacer la question, à recomposer les liens qui rattachent l'élément au tout. Non plus seulement le parti à l'État mais, plus profondément, l'individu dans son unicité au politique dans son unité.

DEUXIÈME PARTIE

Déplacer : la totalité

À lire les premières grandes analyses sociologiques et historiques, le parti apparaît doublement dévalorisé : il l'est au regard de l'unité, il l'est aussi par rapport à la pluralité. Instance de médiation, il est décidément le lieu de la contradiction fondamentale qui tient ensemble et oppose à la fois l'Un et le multiple.

Parmi la multiplicité des clivages existants, le parti choisit d'en privilégier certains pour les exprimer, les traduire dans le langage, les transformer en enjeux saillants, les politiser. Certes, il ne produit pas, par nature, les divisions et les conflits. Il les reflète et les exprime. Parce que l'organisation politique ne peut être parti que parmi d'autres, dans une concurrence et une multiplicité de rôles, son identité n'apparaît en définitive que relativement, par rapport au clivage qu'elle assume, par rapport aussi à tous ceux qu'elle choisit de ne pas assumer. Ce sont donc bien des divergences qui, au départ, justifient l'apparition du parti, des clivages qui expliquent sa raison d'être. Dans ce travail d'expression du clivage et de traduction du conflit intervient pourtant aussitôt la dimension intégrative d'une organisation agrégeant les innombrables diversités particulières et contingentes qui exprimeraient, nuanceraient et diffracteraient à l'infini la division initialement privilégiée. Dès la naissance du parti et l'assomption du clivage sur lequel il s'appuie pour prendre sa part au débat et au combat, un travail d'intégration est en cours qui consiste certes à rassembler des individus autour d'une organisation, mais aussi des opinions et des intérêts multiples autour d'une doctrine ou d'une idéologie unifiante. On voit bien qu'à ce premier niveau de l'advenue du parti il est déjà question d'un travail sur la pluralité et l'unité. Sans évoquer pour l'instant le second niveau où se manifeste également la tension entre les deux pôles de l'Un et du pluriel : celui de l'alliance et de la concurrence avec d'autres forces politiques, celui aussi de la prise du pouvoir et de la direction de l'État.

Si la question de l'identité et du statut du parti en démocratie se pose dans ces termes conflictuels et polémiques c'est bien parce que, le plus souvent, dans une tradition qui remonte aux origines de la pensée politique, la division et le clivage sont apparus comme une pathologie ou, dans le meilleur des cas, comme un mal nécessaire. Certes, la modernité libérale a fini par poser le pluralisme des opinions comme normal et souhaitable, mais non sans hésitation et étonnement. Autour de la formation de la loi comme issue de la raison délibérative, on a conçu que la diversité des points de vue était un préalable nécessaire à la constitution d'une volonté commune. Mais dans les limites définies par la citoyenneté, c'est-à-dire dans le cadre d'un individualisme et d'un universalisme bornés par la vision d'un corps social nécessairement homogène même s'il n'a plus la couleur harmonieuse de l'organicisme d'Ancien Régime. Pour que le pluralisme apparaisse nécessairement lié au processus démocratique, il a fallu que s'impose la légitimité de l'expression, de la représentation et de la conciliation des intérêts. Et encore cette assomption de l'intérêt dans la politique n'a-t-elle jamais été complètement réalisée ni acceptée parce que toujours contestée par l'autre courant de la politique moderne attaché, après Rousseau, à la distinction de l'individu et du citoyen et à l'incarnation de la volonté générale.

On perçoit à partir de là la nécessité d'élargir la perspective et de déplacer le regard afin de mieux saisir la question que le parti ne cesse de poser à la raison. Si ce dernier concentre les interrogations de la représentation et les contradictions du social et du politique, si cette fonction de révélateur des apories de la démocratie lui est assignée par sa position identitaire d'entre-deux, inévitable et insurmontable, il peut être éclairant de porter l'attention vers les interrogations philosophiques qui subsument celles auxquelles il est confronté et d'examiner la manière dont la pensée occidentale a posé, en deçà de la politique, la question de l'unité et de la pluralité. Ce détour peut en effet permettre de mieux comprendre les enjeux de pouvoir et de vérité dont l'identité du parti est le vecteur et la manière dont, dans d'autres contextes et pour d'autres fins, furent imaginées des issues aux obstacles que la raison rencontre dans la conciliation de l'Un et du multiple.

Cette question remonte à l'origine de la philosophie et parcourt toute l'histoire de la pensée. Elle condense sans doute le mieux la nature de l'interrogation ontologique prise entre le scandale du pluriel et le mystère de l'unique, tendue aussi entre la dérive de l'hétérogénéité et la tentation de l'unité. Elle touche d'abord à la consistance de l'être et à sa complétude originelle, à la réalité du Beau, du Vrai et du Bien. Au-delà de la métaphysique première, elle concerne l'éthique et la politique parce qu'elle soulève aussitôt le rapport de l'ipséité et de l'altérité.

Sans chercher à restituer ici l'histoire de cette question ou à en envisager toutes les dimensions, on voudrait se contenter d'en marquer quelques-unes des formulations et de signaler celles qui nous semblent, par métonymie, éclairer au plus près le problème de l'identité du parti et les difficultés de son insertion dans la problématique de la démocratie. Reconsidérée à la lumière du problème qui est le nôtre, la question de l'Un et du multiple nous semble pouvoir être abordée sous trois formes d'oppositions : l'unité et la totalité, la totalité et l'unicité, la binarité et la ternarité. Trois formes qui renvoient en fait aux trois questions sur lesquelles bute la légitimité du parti : la place du pluralisme, la place de la citoyenneté, la place de la médiation.

Chapitre III

UNITÉ ET TOTALITÉ

Toutes les formes d'organisations politiques impliquent la constitution d'une unité sur la base d'une communauté de vie et de destin des membres associés. C'est dire que le traitement de la pluralité initiale est au cœur de la question politique, et ceci quelles que soient les prémisses individualistes ou holistes des conceptions qui se proposent de la résoudre. Le fait de poser l'antériorité logique et ontologique de la partie ou du tout ne change rien au postulat accepté par toutes les pensées sociales d'une impossibilité pour les hommes de vivre isolément. Que l'on considère avec Aristote et saint Thomas la société comme une communauté constituée en vue d'un certain bien, avec Bodin la république comme le gouvernement de plusieurs ménages et de ce qui leur est commun, ou avec Weil, la politique comme la vie en commun des hommes selon les structures essentielles de cette vie, la pensée politique est toujours une pensée de la constitution de la pluralité en communauté.

Sans entrer ici dans la discussion sur le caractère totalitaire ou non de la politique platonicienne, en notant simplement que la dimension pour le moins holiste de celle-ci ne semble guère faire de doute[1], on voudrait rappeler que la question politique ne peut être comprise, dès la pensée grecque, indépendamment de la manière dont on cherche à appréhender plus généralement les rapports entre l'unité et la pluralité. De ce point de vue, les premières issues proposées à l'aporie de l'Un et du multiple ont privilégié la prééminence de l'Un et introduit à cette fin le recours à la notion de totalité.

Totalité et transcendance

On sait que les présocratiques n'avaient pas donné de solution satisfaisante à la question des rapports entre l'Un et le multiple. Soit ils avaient tendu à conférer la réalité plénière à l'unité singulière et considéré que l'être est mobile, multiple et différencié, soit ils avaient préféré poser que l'Un est transcendant à toute manifestation et même à toute essence, et que l'indéfinie diversité des choses se ramène à l'infinie diversification d'un seul principe. Dans ces choix opposés l'impasse ne laissait de resurgir aussitôt, mise en lumière par le Platon du *Théétète* et du *Parménide* : d'une part, toute ontologie du multiple apparaît impossible parce que l'Un est la condition de possibilité de la vérité, qui ne peut sans cesser d'être vérité se donner comme diverse[2] ; d'autre part, poser la trans-

1. K. P. Popper, *La société ouverte et ses ennemis*, t. I, *L'ascendant de Platon*, trad. fr., Paris, Le Seuil, 1979 (1re éd. 1949).
2. *Théétète*, 152 d.

cendance absolue de l'Un interdit d'en donner une définition, inatteignable qu'il est à travers ses manifestations multiples[1]. Ou bien l'Un est transcendant et ne se laisse appréhender — dès lors nous ne connaissons que le multiple ; ou bien l'Un se laisse appréhender, mais alors ce n'est plus l'Un.

La solution platonicienne consiste à quitter l'opposition de l'Un et du multiple pour poser celle, traitable dans un cadre théologique, de la partie et du tout. C'est la notion de tout et son inscription dans la signification qui permet de sortir de la contradiction entre l'Un et le multiple[2]. La partie n'acquiert de sens que par rapport au tout, ce dernier étant irréductible à la somme de ses parties. La partie quitte l'univers du multiple pour appartenir entièrement à l'Un, unité complète, achèvement de l'être identifié à l'ensemble. L'accession à l'Un par la médiation du tout permet d'abandonner la diversité des choses et la pluralité des êtres pour atteindre la connaissance ultime et une et poser la transcendance de l'univers. Pour déceler un sens au foisonnement du multiple et pour concevoir le primat de l'Un, garant de la possibilité du connaître, Platon doit poser l'existence d'une autorité supérieure. Si le monde est « vivant doué en vérité d'âme et d'intelligence, c'est par la providence du Dieu qu'il est devenu[3] ». Ce monde est fait à la ressemblance

1. *Parménide*, 156 e-157a.

2. *Ibid.*, 157 d, 157 e : « Ce n'est donc pas de la pluralité, ni d'une totalité, que la partie est partie, mais d'une réalité idéale et une, d'un objet un, que nous appelons "tout" ; c'est à partir de la totalité multiple entière que son unité parfaite est réalisée ; voilà de quoi la partie peut être une partie. »

3. *Timée*, 30 c.

non pas de l'une de ses parties, de l'une de ses créatures, non pas à la ressemblance de l'incomplet, mais à celle de l'être qui en soi-même tient enveloppés tous les vivants intelligibles. Parce que Dieu a voulu rendre le monde semblable au « plus beau des objets de l'intelligence », « c'est un vivant unique, visible, qu'il a constitué[1] ». L'Un du monde est ainsi garanti par l'Un au-delà du monde[2].

Le cadre dans lequel s'inscrit la solution aristotélicienne est quelque peu différent. Malgré les développements du *Sophiste*, Platon ne place pas la solution du problème dans le cadre général de l'attribution. Certes, il concède aux Éléates que l'être est et le non-être n'est pas, mais à condition de distinguer entre le non-être absolu et ce non-être relatif qu'est l'altérité. On peut admettre la dénomination multiple d'une même essence, c'est-à-dire la participation des genres, à condition de poser l'Autre comme non-être relatif[3]. Mais cette ontologie est plutôt destinée à fonder la possibilité de la communication des Idées entre elles qu'à proposer une réponse au problème de la prédication. Aristote, au contraire, va s'attacher à traverser l'aporie de l'Un et du multiple par le biais de l'attribution. Pour lui, l'existence du non-être n'est

1. *Ibid.*, 30 d.
2. *Ibid.*, 31 b.
3. « Il est donc forcé que, pour le mouvement tout comme selon tout le reste des genres, il y ait un être du non-être : selon tous, en effet, la nature de l'"Autre", en rendant chacun autre que l'Être, fait de lui un Non-être ; et, de tous sans exception, nous dirons dès lors à bon droit, sous le même rapport, qu'ils sont non-être de cette façon ; et, en revanche, parce qu'ils participent à l'Être, nous dirons qu'ils "sont", qu'ils sont "des êtres" » (*Le Sophiste*, 256 d et 256 e).

nullement nécessaire pour fonder le statut ontologique du multiple. En effet, l'Autre que Platon place du côté du non-être et qu'il convoque comme principe de la multitude n'est pour Aristote que relation et dès lors tout à fait étranger au non-être. La relation est si peu « le contraire ou la négation de l'être » qu'elle est en réalité un genre de l'être, « au même titre que l'essence ou la qualité[1] ». Ainsi, ce qui n'est pas l'être ni l'essence n'est pas forcément réductible à la catégorie du non-être, « c'est tout simplement un autre être, c'est-à-dire un être en un autre sens[2] ». C'est là qu'Aristote propose une solution qui demeurera jusqu'à Kant le fondement de la théorie de la connaissance. La solution au problème de la prédication et le principe de la multiplicité ne sont pas à rechercher dans le non-être, postulation *ad hoc* qui vient en réalité bousculer tout l'édifice ontologique, mais au sein même de l'être, à condition de distinguer l'acte et la puissance du côté de l'Un, la substance et l'accident du côté du multiple. Il est attesté qu'une même chose peut être une et non-une, mais la contradiction apparente est levée si l'on pose que ce n'est pas dans le même sens que la chose est une et non-une, une en acte et non-une en puissance. Et le rapport du multiple à l'Un se ramène ici à celui de la puissance à l'acte. Il n'est plus nécessaire de dissocier l'être en une infinité d'éléments, il suffit de distinguer les significations qu'il revêt de telle manière que l'altérité lui soit resti-

1. Aristote, *Métaphysique*, N, 2, 1089 b 7. Cité par P. Aubenque, *Le problème de l'être chez Aristote*, Paris, PUF, 1991, (1re éd. 1962), p. 153.
2. *Ibid.*, p. 153.

tuée comme l'un de ses sens, dans la relation. De même, pour sortir du cercle sophistique dénoncé par Platon[1], cercle qui, réduisant l'être à la série de ses accidents, induit la disparition de l'être de la disparition de l'un quelconque de ses accidents, Aristote distingue l'essence de l'accident. La multiplicité n'est plus inductrice de non-être puisqu'il devient possible de poser la permanence du sujet de l'attribution à travers la multiplicité de ses attributs. Même si le parcours d'Aristote diffère de celui de Platon dans le traitement de la question de l'Un et du multiple, on doit marquer ce qui les rapproche pourtant et nous permet de les placer ensemble du côté de l'ontologie et de la théologie unitaires.

Certes, Aristote, en distinguant les substances premières des substances secondes, en considérant l'individu comme substance première et les genres et les espèces comme substances secondes, va conférer aux secondes moins de réalité qu'à la première. Seul l'être concret est perceptible et seul il est vraiment réel. Mais, en même temps, seules les substances secondes sont exemptes du changement qui affecte au contraire la substance première. Dès lors, l'individu, pourtant le plus réel, échappera à la définition et à la connaissance logique parce qu'il se distingue des autres par des caractères accidentels, parce qu'il ne possède ni permanence ni nécessité. Le multiple a trouvé chez Aristote un statut ontologique mais par l'intermédiaire de l'individuel et de l'accidentel, c'est-à-dire hors de la connaissance qui ne porte que sur le permanent et le nécessaire. L'Un est en définitive consti-

1. *Euthydème*, 298 a.

tué comme seul objet de la connaissance, même s'il est moins réel que le multiple. La chaîne logique qui mène de la dispersion du multiple à la connaissance de l'Un est différente chez Aristote de ce qu'elle est chez Platon, mais c'est bien une même transcendance qui vient fonder chez les deux auteurs la réalité et la vérité de l'Un. La division aristotélicienne de l'univers en une matière astrale et incorruptible et une matière sublunaire soumise au changement ne doit pas faire illusion, non plus que la séparation platonicienne entre les choses et l'Idée ou la présence et l'imitation. L'Un est la destination de toute connaissance et l'unité divine le principe d'organisation de la réalité connaissable.

En effet, si l'âme platonicienne est d'essence divine, unique et toujours identique à soi, c'est que Dieu l'a voulue ainsi comme il a voulu que l'Idée fût cause de l'Un et du pluriel, déterminant à la fois chaque chose individuelle et l'ensemble[1]. L'Un platonicien est l'unité du multiple, le Bien qui cause la génération et ordonne toutes choses et leur mélange. Dès lors, de même que « Dieu seul sait et peut unir le multiple dans l'Un et résoudre l'Un dans le multiple[2] », de même l'âme humaine peut-elle parvenir à la connais-

1. « Il faut en effet, chez l'homme, que l'acte d'intelligence ait lieu selon ce qui s'appelle Idée, en allant d'une pluralité de sensations à une unité où les rassemble la réflexion. Or c'est là une remémoration de ces réalités supérieures que notre âme a vues jadis, quand elle cheminait en compagnie d'un Dieu, quand elle regardait de haut ces choses dont à présent nous disons qu'elles existent, quand elle dressait la tête vers ce qui a une existence réelle » (*Phèdre*, 249 c).

2. *Timée*, 51 b-c.

sance unifiée du réel dans la contemplation de Dieu[1]. D'un autre côté, chez Aristote, l'univers est donné comme un tout qui contient la raison de ses parties et dont le principe réside dans la transcendance de l'acte pur. Le divin, premier des êtres, premier moteur, est le modèle de l'unité dérivée que l'homme poursuit dans sa contemplation. Dans la réalité sensible, la multiplicité des significations renvoie à la surabondance du discours et à son équivocité, à la difficulté d'isoler l'unité de l'être sublunaire que brouille la multiplicité de ses prédicats. Pourtant, « il y a comme une patrie du discours, qui est la sphère où le discours serait immédiatement un [...], la sphère de l'être un, de l'être qui n'aurait qu'un seul sens parce qu'il se donnerait à nous dans l'univocité de son éternelle présence[2] ». Cette sphère est accessible à la contemplation de l'homme, dans l'immobilité du ciel, signe de la Présence immuable. L'être divin est celui qui n'a qu'un seul sens, celui en qui l'unité est originaire, celui qui ne supporte aucune prédication. Mais ce Dieu immobile signifie l'unité et oriente l'unification des efforts humains pour accéder dans le mouvement au principe du monde. Autrement dit, ce n'est plus comme chez Platon l'unité de l'être divin qui est l'unité de l'être sensible et du multiple sublunaire. C'est l'unité originaire réalisée totalement en Dieu qui, de proche en proche et par médiations multiples, ordonne le mouvement des êtres sensibles vers l'unité de l'essence[3].

1. Cf. sur ce point A.-J. Festugière, *Contemplation et vie contemplative selon Platon*, Paris, Vrin, 1936, et J. Moreau, *La construction de l'idéalisme platonicien*, Paris, Boivin, 1938.

2. P. Aubenque, *op. cit.*, p. 403.

3. « L'unité de l'être divin, si elle n'est pas le principe constituant du sensible, n'en demeure pas moins le principe régulateur de

Totalité et vérité

La démarche de Platon et celle d'Aristote nous indiquent une première voie, et peut-être la principale, pour tenter de fonder ensemble et de concilier la réalité de l'Un et celle du multiple. Il s'agit de recourir à un principe unifiant de la pensée et de l'univers, un principe transcendant qui vient poser, dans une sorte de coup de force logique et ontologique, la réalité et la primauté de l'Un conçu comme unité. L'évidence du réel ne concerne que le multiple, seul le multiple se donne à l'existence dans la réalité de la perception humaine. L'Un vient ensuite, dans un acte second d'intelligence et de foi, signe et conséquence d'un principe supérieur postulé par l'intelligence humaine, confirmé par la valeur ontologique et heuristique que procure à toute perception le sens nouveau revêtu par le multiple ainsi unifié. Ce premier Un que la métaphysique grecque place à l'origine du monde et à l'horizon de la connaissance humaine, c'est un principe unificateur, l'unité transcendante du réel, l'inscription de chaque singularité et de chaque accident dans une totalité sensée. L'issue à l'aporie de l'Un et du multiple est posée pour longtemps dans le recours au postulat d'une transcendance de l'unité et d'une primauté du tout. On peut reconnaître la postérité heuristique de ce principe de cohérence dans les posi-

---

la recherche ontologique de l'unité. Toute la démarche de l'ontologie aristotélicienne vise à reconstituer, par le détour spontané du langage ou par les médiations plus savantes de la dialectique, une unité dérivée qui soit comme le substitut, dans le monde sublunaire, de l'unité originaire du divin » (*ibid.*, p. 405).

tions réalistes et holistes qui refuseront toute signification aux énoncés et aux phénomènes isolés, qui prôneront la saisie du particulier par le général, du local par le global. Mais il importe surtout de noter pour l'instant que l'opposition de l'Un et du pluriel est d'abord vaincue par l'instauration de la prééminence de l'unité entendue comme unification transcendante, comme conséquence du postulat de totalité extrinsèque.

L'Un pur est impensable comme tel ; nous ne connaissons que l'Un-multiple ; l'Un est butée du nombre et espoir d'unification. L'Un n'est que second et inconnaissable en tant que tel sinon par le détour de la foi. Dès que l'on cherche à saisir et dépasser l'opposition de l'Un et du multiple, c'est le multiple qui se donne pour évident et inacceptable, l'Un pour désirable et inatteignable, le total pour substitut efficace de l'Un.

Que l'important tienne moins à la priorité et à l'antériorité de l'Un ou du multiple qu'au glissement inévitable de l'unité à la totalité, les réflexions des stoïciens comme celles de Plotin sont là pour le confirmer. Beaucoup plus radicalement qu'Aristote, les premiers posent la seule réalité de l'individuel et en même temps l'impossibilité de le constituer en science puisque le vrai ne réside que dans le général. Pourtant il faut bien établir un lien entre les individus seuls existant et l'être du monde auquel la connaissance ne peut renoncer[1], souligner la solidarité entre le tout et

1. « Quand les plantes et nos corps sont si intimement liés au Tout et affectés par Lui, nos âmes ne le seraient pas davantage encore ? Et nos âmes étant si étroitement liées, unies à Dieu, comme des parties, des fragments de son Être, Dieu ne percevrait pas chacun de leurs mouvements comme un mouvement qui lui est

ses parties, solidarité et totalisation organisatrices non seulement de l'univers mais aussi de la cité des hommes[1]. Même à partir du postulat de la seule réalité de l'individuel on n'échappe pas à la primauté du tout. On peut ici ignorer l'universel et privilégier le singulier, on ne peut éviter que le monde soit lui-même individu composé d'une infinité de corps individuels, c'est-à-dire unification, pluralité puis totalité. De même, l'inaccessibilité de l'Un et l'inévitabilité du tout entendu comme unification de la pluralité sont encore présentes dans la spéculation de Plotin. Dans le système des hypostases, de l'Un procède l'intelligence, de l'intelligence procède l'âme. Dans cette dernière se trouvent les choses distinctes et sensibles, dissipées, multiples ; dans l'intelligence se trouvent tous les êtres, distincts et solidaires ; seul l'Un comprend tout sans distinction. C'est pourquoi cette philosophie est une métaphysique de l'unité et non de l'être[2].

L'irruption, semble-t-il inévitable, du tout dans les premières tentatives de penser l'aporie de l'Un et du multiple, la substitution de la totalité à l'unité dans l'argumentation ontologique au départ de la raison occidentale n'est pas sans conséquences pour la réflexion proprement politique. Impliquant que

---

propre, qui lui est connaturel ? » (Épictète, *Entretiens*, livre I, chap. XIV, Paris, Les Belles-Lettres, 1950, p. 49). « Toi, tu es une fin, tu es un fragment de Dieu. Tu as en toi une partie de Dieu. Pourquoi donc méconnais-tu ta parenté ? Pourquoi ignores-tu ton origine ? » (*ibid.*, livre II, chap. VIII, p. 126).

1. *Ibid.*, livre III, chap. XIII, p. 246, et chap. XXIV, p. 290.

2. J. Trouillard, *La purification plotinienne*, Paris, PUF, 1955, p. 5 et p. 95-96, et É. Gilson, *L'Être et l'essence*, Paris, Vrin, 1972, p. 44-45.

chaque élément d'un ensemble ne soit d'abord préhensible que dans son rapport au tout, la notion de totalité est étrangère à l'addition des parties. Elle suppose, dans l'appréhension du simple, la connaissance ou du moins l'espérance d'une signification globale, cachée ou inaccomplie, dont chaque élément déjà préfigure l'apparition. Elle oblige donc à pondérer la valeur d'un élément par rapport à sa position dans l'ensemble, elle appelle l'appréciation de la justesse d'une opinion, par exemple par rapport à une norme aléthique, elle entraîne l'instauration d'une norme de vérité par rapport à laquelle chaque opinion singulière pourra être évaluée. La notion de totalité interdit de penser la politique comme accord involontaire des opinions. Elle nécessite que la vérité du tout soit posée comme accessible et donnée pour fin de l'association humaine, elle implique que l'énonciation de l'opinion de chaque associé soit confrontée à la norme du vrai qui inspire l'association dans son principe et son entièreté.

Vérité et volonté

Pour saisir les implications de ce lien posé entre la notion de vérité et celle de totalité, il faut introduire un troisième terme : celui de volonté. En effet, comme l'a montré Hannah Arendt[1], si la faculté de volonté

1. H. Arendt, *La vie de l'esprit*, vol. 2, *Le vouloir*, trad. fr., Paris, PUF, 1983 (1re éd. 1978). Ernst Cassirer estime pour sa part que ce qui caractérise Socrate dans l'histoire de la pensée grecque, c'est que « ce ne sont ni l'unité de l'être ni l'unité systématique de la pensée qui l'ont primitivement retenu ; mais l'unité de la volonté » (*Le mythe de l'État,* trad. fr., Paris, Gallimard, 1993, p. 85) (1re éd. 1946).

est étrangère aux premières conceptions grecques de la philosophie de la connaissance, de l'éthique et de la politique, elle fait son apparition avec les interrogations d'Augustin sur les facultés de l'âme ou l'économie trinitaire et devient centrale dans les spéculations de Duns Scot dont on connaît l'importance pour la formation de la pensée politique moderne. Ce dernier apparaît comme l'un des premiers inventeurs de ce qui deviendra la modernité politique non seulement par sa systématisation de positions nominalistes antérieures à lui et l'ampleur qu'il confère par là à la notion d'individualité[1], mais aussi par la place nouvelle qu'il donne à la volonté dans l'acte créateur[2]. Se détachant du thomisme, Duns Scot affirme que la volonté de Dieu est absolument libre, indépendante de toute nécessité, comme d'ailleurs tous ses autres attributs que saint Thomas déduisait de la substance divine. Si la volonté divine n'est pas tenue par la sagesse, déterminée par le bien, il s'ensuit que les essences ne préexistent pas au vouloir : « L'unique cause pour laquelle Dieu a voulu les choses est sa volonté, et l'unique cause du choix qu'il a fait est que sa volonté est sa volonté[3]. » Même si le propos n'est pas encore ici de fonder le caractère illimité de la volonté et de la liberté humaines mais l'infinie puis-

1. Cf. à ce sujet G. de Lagarde, *La naissance de l'esprit laïc au déclin du Moyen Âge*, Paris, Droz, 4 vol., 1934-1942 ; et plus récemment, A. Vachet, *L'idéologie libérale. L'individu et sa propriété*, Ottawa, Presses de l'Université d'Ottawa, 1988, p. 135-145.

2. Cf. par exemple M. Villey, *La formation de la pensée juridique moderne*, Paris, Montchrestien, 1975.

3. É. Gilson, *La philosophie au Moyen Âge*, Paris, Payot, 1986, p. 599 (1re éd. 1922).

sance de Dieu, on comprend qu'il devient possible à partir de là de concevoir un monde qui ne serait borné par aucune nécessité. Si la volonté absolue peut être supposée à un être dans son acte créateur, fût-il Dieu, si aucun ordre ni aucune réalité externe ne vient donner à une volonté personnelle quelque couleur de nécessité, c'est bien que la volonté prend dans ce monde la place que la sagesse avait dans le précédent. C'est sur cette assise du primat de la volonté que s'établissent ultérieurement les pensées du sujet, d'abord dans l'ordre de la philosophie de la connaissance[1], ensuite dans celui de l'artificialisme juridique et du contractualisme politique.

Ainsi l'irruption de la volonté dans la politique moderne n'est pas sans rapport avec le choix fait antérieurement par la pensée occidentale en faveur du tout plutôt que de l'Un. Descartes, pour établir l'acte humain de l'entendement, peut séparer la perception d'une chose de l'acte qui consiste à l'affirmer volontairement comme une connaissance vraie. La vérité ultime ouverte à l'entendement est finalement entièrement dépendante de la volonté infinie du sujet pensant[2]. Plus tard, la *Critique de la raison pure* présente

1. Duns Scot en donne d'ailleurs déjà les contours, comme le souligne Étienne Gilson : « de même qu'il avait insisté sur l'indifférence radicale de la liberté divine, de même il s'efforce d'attribuer à la seule volonté humaine la causalité totale de l'acte volontaire. C'est la volonté seule, dit-il dans une formule saisissante, qui est la cause totale de la volition dans la volonté. [...] Il est vrai que nous devons connaître un objet pour le vouloir et que c'est le bien que nous apercevons dans cet objet qui nous le fait vouloir ; mais il est également vrai que si nous connaissons cet objet plutôt qu'un autre, c'est parce que nous le voulons » (*ibid.*, p. 601).

2. « Car toutes les façons de penser que nous remarquons en nous peuvent être rapportées à deux générales, dont l'une consiste à

la totalité comme issue logique à l'aporie de l'Un et du multiple dans le cadre d'une catégorisation de la quantité. La totalité est donnée pour clôture de la dialectique du nombre, troisième moment de l'opération de numération après l'unité et la pluralité. La totalité est une forme *a priori* de la connaissance conjuguant les deux catégories précédentes de l'unité et de la pluralité, révélant l'unité de la pluralité. Même si dans le criticisme kantien la troisième catégorie est synthèse de la position et de sa négation, elle n'apparaît pourtant pas comme un concept dérivé mais reste « un concept primitif de l'entendement pur », car « elle exige un acte spécial de l'entendement[1] ». Il y a donc ici encore une nature propre de la totalité, hétérogène à celle des deux catégories qui la précèdent. Dans la succession de l'unité, de la pluralité et de la totalité, cette hétérogénéité est toutefois maintenue dans le cadre d'une opération de l'entendement. C'est le privilège du sujet et de sa volonté que de garder l'unité synthétique de l'aperception, d'unifier l'expérience du divers dans la connaissance même.

---

apercevoir par l'entendement, et l'autre à se déterminer par la volonté. Aussi sentir, imaginer et même concevoir des choses purement intelligibles, ne sont que des façons différentes d'apercevoir ; mais désirer, avoir de l'aversion, assurer, nier, douter, sont des façons différentes de vouloir » (Descartes, *Les principes de la philosophie*, *in Œuvres et lettres*, Paris, Gallimard, La Pléiade, 1963, p. 585). Et « il nous est toujours possible de nous retenir de poursuivre un bien clairement connu ou d'admettre une vérité évidente, pourvu que nous pensions que c'est un bien d'affirmer par là notre libre arbitre » (lettre au père Mesland du 9 février 1645, *ibid.*, p. 1177).

1. E. Kant, *Critique de la raison pure*, trad. fr., Paris, PUF, 1967, p. 97 (1re éd. 1954).

Comme l'ironisera Hegel à propos de la « tendresse pour les choses » dont ferait preuve l'idéalisme transcendantal en plaçant la contradiction non dans le réel mais dans l'esprit qui cherche à en rendre compte, la totalité est accessible dans une motion du sujet de l'entendement, comme l'une des étapes du procès d'intellection. Cela signifie que la décision de dépasser la contradiction appartient au sujet connaissant, que la totalité est accessible par la volonté de cesser la numération indéfinie. Si la totalité est synthèse de l'Un et du multiple, elle n'est accessible que dans l'acte volontaire qui vient décider de limiter le processus additif, de déclarer son achèvement dans la totalité.

Totalité, vérité, volonté apparaissent comme les trois termes inséparables d'une première issue à l'aporie de l'Un et du multiple. L'union de ces trois éléments, dont on connaît le développement démesuré dans les politiques incarnatives et le totalitarisme, appelle toujours le ressort d'une transcendance qui fonde cette union et la rende sensée. D'une transcendance, au vrai, de plus en plus dénaturée à mesure que s'affirme la liberté de l'homme et l'autonomie de sa raison et qu'apparaît comme représentation la révélation religieuse qui l'avait d'abord portée. L'Absolu hégélien n'échappe pas à cette ambiguïté qui le donne à la fois pour le vrai et le tout, le libre et le nécessaire, semblable à l'Un ineffable ou au dieu immobile des autres âges de la philosophie, tel que les catégories temporelles de l'expérience humaine en sont renversées. Car dans ce cadre la dimension dominante du temps est bien le futur qui vient accomplir et terminer l'être. Comme l'exprime Hannah Arendt après Koyré,

« s'il existe une vie de l'esprit, elle est due à ce que l'esprit possède un organe du futur qui se manifeste par l'"inquiétude". S'il existe une vie de l'Esprit, on le doit à la mort qui, pressentie comme fin absolue, bloque la volonté et transforme le futur en passé anticipé, les projets de la volonté en objets de pensée, et l'attente de l'âme en souvenir préconçu [1] ». Ici, la réconciliation qui traverse toutes les pensées de l'Un et du multiple est accomplie dans le cadre de l'histoire universelle dont le résultat final est ce moment où l'Empire spirituel s'incarne « dans la vie du monde », où « la vérité en tant que telle devient vivante dans le monde réel [2] ». Or « Hegel identifie cet "Empire spirituel" à "l'Empire de la volonté", parce que les volontés d'hommes sont nécessaires pour que cette raison s'accomplisse et qu'advienne le royaume spirituel [3] ». L'unité du monde que Parménide, au dire même de Hegel, cherchait dans l'être initial, se trouve acquise en ignorant à la fois le présent qui dure et le futur en avant. Il a fallu, dans cette figure paroxystique de l'unité conçue comme accord de la totalité et de la volonté, que soit posée « l'existence d'un seul Esprit du Monde, gouvernant la pluralité des volontés humaines, et les poussant vers une "signification" née du besoin de la raison, c'est-à-dire, psychologiquement, du désir très humain de vivre dans un monde qui est bien tel qu'il devrait être [4] ».

Dans l'expérience de l'action et de la pensée, c'est

1. H. Arendt, *op. cit.*, p. 61.

2. G. W. F. Hegel, *Leçons sur la philosophie de l'histoire*, cité par H. Arendt, *op. cit.*, p. 63.

3. *Ibid.*, p. 64.

4. *Ibid.*, p. 66.

bien le multiple qui apparaît d'abord et heurte la raison ordonnatrice en même temps qu'il contrarie le désir de complétude. C'est donc l'unité qui est posée comme première, transcendante à tout phénomène, et qui dès lors fait l'objet de toute quête de vérité et de pouvoir. Car cette unité donnée pour origine du monde est aussi proposée pour finalité de la construction sociale ainsi que de l'adjudication du sens. À la pointe ultime de ce parcours, se dresse l'empire de la totalité comme seul susceptible de conférer une signification et une vocation à chaque élément entrant dans sa composition. Pour que cette opération s'effectue il faut d'abord qu'ait été ouverte la voie de l'artificialisme et établie la force de la volonté, il faut qu'ait été imaginée la séparation entre un état de nature et une association construite, il faut que s'établissent les termes d'une jonction entre le naturel et le convenu, entre le donné et le représenté, entre le social et le politique, tels qu'un libre jeu puisse se déployer entre les deux ordres et qu'en définitive l'initiative et la puissance appartiennent au second plutôt qu'au premier.

Chapitre IV

UNICITÉ ET UNITÉ

Le paradoxe de la dérive qui, dans la recherche de l'Un à partir de l'expérience du multiple, découvre l'unité de la totalité et la puissance de la volonté tient dans ce qu'elle se fait au détour de l'invention du sujet et de l'assomption de son autonomie et de sa liberté. La volonté qui, au bout du compte, risque d'absorber l'individu dans une généralité dont il ne peut que se faire le représentant et le gardien, cette volonté tire bien son origine et sa force de la subjectivité même du sujet. Mais à partir de la même interrogation de départ, à partir de la même difficulté à saisir la pluralité pour elle-même, on voit aussi poindre une autre issue que celle précédemment décrite de l'unification dans la totalité. Il s'agit de la recherche de l'unicité, de la promotion de l'Un irréductiblement singulier. Sans restituer ici la généalogie philosophique de la notion d'individualité[1], ni l'opposition entre la valorisation

1. A. Renaut, *L'ère de l'individu*, Paris, Gallimard, 1989. Il faudrait d'ailleurs, pour notre propos, ne pas faire commencer l'enquête avec Leibniz, suivant la construction d'A. Renaut, mais rappeler que la notion d'individualité se pose d'abord historiquement, dans l'opposition entre universalité et singularité, et qu'elle

du point de vue individuel et celle de la société prise comme un tout[1], on peut, dans notre recherche du « pluralisme contrarié », tenter de saisir les enjeux de la notion d'unicité à travers deux critiques de la totalité hégélienne. L'une, celle de Stirner, qui sacrifie l'association et le groupe pour ne considérer que la réalité individuelle. L'autre, celle de Rosenzweig, qui, dans la même référence à l'unicité, saisit tout à la fois la singularité du groupe et celle de l'individu.

L'unique contre le tout

Historiquement, la première manifestation de la notion d'unicité ouvertement opposée à l'emprise de la totalité se trouve sans doute chez Max Stirner, dont l'ouvrage *L'Unique et sa propriété*, paru en 1845, se situe encore dans l'horizon de la gauche hégélienne même si c'est pour s'en démarquer. La thèse de Stirner articule la critique ontologique et la critique politique en dressant l'irréductibilité du sujet face aux altérités abstraites qui l'aliènent : l'État, la Société, l'Humanité, le Droit, la Religion, le Travail[2]. Sa critique du

---

trouve sa raison dans les différentes significations des mots et dans leur capacité d'être prédiqués d'un seul objet ou de plusieurs. L'individualité comporte l'idée d'unité et d'indivisibilité. Cf. P. Vignaux, *Nominalisme au XIVe siècle*, Paris, Vrin, 1981 (1re éd. 1948).

1. L. Dumont, *Essais sur l'individualisme*, Paris, Le Seuil, 1983.

2. « Comment peut-on soutenir que la philosophie moderne et l'époque moderne sont parvenues à la liberté, puisqu'elles ne nous délivrent pas du joug de l'objectivité ? [...] La pensée moderne n'a fait que transformer les objets existants, le despote réel etc., en objets imaginaires, c'est-à-dire en idées. Et que devient l'ancien respect vis-à-vis de ces idées ? Disparaît-il ? Au contraire, il ne fait que redoubler de ferveur. [...] À la longue et après de multiples

libéralisme politique se veut sans appel. Les notions d'association et de contrat, la séparation entre vie publique et vie privée, tout cela n'a pour fin que de poser un homme abstrait, sujet de l'État abstrait, non moins despote dans son attribution arbitraire des droits que le monarque absolu.

L'« antipartisme » de Stirner est des plus virulents et s'ancre dans la conviction que tout parti place certains principes hors de la libre discussion, ne tolère aucun doute de la part de ses membres sur la vérité de son principe constitutif, interdit toute défection, tout départ, toute infidélité. Or, l'impartialité est précisément « une des manifestations de l'égoïsme », « l'individualité elle, ne connaît ni "fidélité", ni "dévouement" de précepte ; elle permet tout y compris l'apostasie, la désertion et le reste[1] ». Stirner récuse donc le caractère totalisant du parti au nom de l'imprescriptible souveraineté du moi, il répudie la soumission complète et permanente que le parti exige de l'individu, au-delà de l'éventuelle utilité ponctuelle pour ce dernier d'un passage par l'association. L'individu ne peut être soumis à une logique d'inclusion sans cesser d'être unique[2], il ne peut embrasser une

avatars, le Saint-Esprit est devenu l'"idée absolue", laquelle, à son tour, se divisant et se subdivisant, a donné naissance aux diverses idées de philanthropie, de bon sens, de vertu civique, etc. Mais puis-je nommer l'Idée ma propriété, tant qu'elle est l'idée de l'humanité et puis-je considérer l'Esprit comme vaincu, tant que je dois le servir et "me sacrifier" pour lui ? » (M. Stirner, *L'Unique et sa propriété*, trad. fr., Paris, Stock, 1900, p. 101 et p. 111-112).

1. *Ibid.*, p. 283.

2. « Les Individus ou Uniques sont-ils d'un parti ? Eh ! comment pourraient-ils être uniques s'ils appartenaient à un parti ? (*ibid.*, p. 284).

totalité qui ne sera jamais pour lui qu'une partie, il peut prendre part mais ne peut appartenir à rien d'autre qu'à lui-même[1].

L'État libéral est devenu le seul et unique maître de l'individu et la Raison omnipotente dont l'État est l'incarnation fait communier les hommes dans l'idée de l'Humanité. Et cette abstraction-là est encore une manière de penser le bien et l'utilité hors de l'individu, dans un « nous » hétéronome[2]. Mais la logique du négatif à l'œuvre dans la dialectique hégélienne laisse intacte l'activité même de la négation et donc le sujet niant, c'est-à-dire le moi. Il est ainsi une référence incontestable à partir de laquelle engager l'appel à l'existence et au refus, c'est l'unique, le moi, seule origine et seule justification du droit de l'individu[3]. Dès lors tout est ramené à l'unicité et à l'irréductibilité du moi, même la vérité[4].

Quelle que soit la détermination des propos de Stirner et en raison même de leur caractère outrancier,

1. « Ainsi donc, un égoïste ne pourra jamais embrasser un parti, il ne pourra jamais prendre parti ? Mais si, il le peut parfaitement, pourvu qu'il ne se laisse pas saisir et enchaîner par le parti ! Le parti n'est jamais pour lui qu'une partie : il est de la partie, il prend part » (*ibid.*, p. 285).

2. « Si l'on adopte l'idée de la Révolution et si l'on entend par "Homme" le "bon citoyen", de cette conception de l'Homme vont découler tous les "délits et crimes politiques". En tout cela, c'est l'individu, l'homme individuel qui passe pour le monstre, tandis que l'homme abstrait est décoré du titre d'"homme" » (*ibid.*, p. 244).

3. « C'est à Moi de décider ce qui est pour moi le droit. Hors de moi, pas de droit » (*ibid.*, p. 226).

4. « Tant que tu crois à la vérité, tu ne crois pas à toi, et tu es un serf, un homme religieux. Toi seul tu es la vérité, ou plutôt tu es plus que la vérité car sans toi elle n'est rien » (*ibid.*, p. 433-434).

apparaît par là combien l'affirmation de l'unicité du moi et de l'irréductibilité de l'unique est la première voie qu'emprunte une critique radicale de l'unité telle qu'elle se donne, achevée, dans la totalité hégélienne. Il y a des accents plotiniens dans l'extase de Stirner atteignant la possession ineffable de l'unique. Mais ici, l'Un désirable n'est plus l'altérité radicale du divin. Après la dérive de la totalité, l'Un ne peut plus être recherché que dans la jouissance la plus personnelle du moi. Comme si, après l'invention libérale, la substantialisation de l'individualité avait si manifestement entraîné l'emprise de la totalité que le seul recours possible se trouvait déplacé en deçà de l'individu socialisé et associé, dans le réduit de l'intimité la plus singulière.

Deuxième figure de cette promotion de l'unicité opposée à la totalité, celle que trace l'œuvre de Franz Rosenzweig exprime la tentative de dépasser le simple cri de protestation de l'individu pour repenser le lien entre l'homme, Dieu et l'histoire[1]. Pour échapper à la totalité hégélienne, il cherche un point d'appui extérieur dans la réalité transhistorique du peuple juif. C'est précisément dans la mesure où Israël se situe hors de la réalité historique et politique qu'il peut prétendre à l'éternité. Alors que, pour Hegel, les peuples ont part à l'éternité durant la phase de l'histoire où leur esprit national s'identifie à l'Esprit universel, pour Rosenzweig, c'est parce qu'il ne participe pas à ce devenir que le peuple juif peut espérer vivre

1. Cf. S. Mosès, *Système et Révélation. La philosophie de Franz Rosenzweig*, Paris, Le Seuil, 1982, et *L'Ange de l'histoire. Rosenzweig, Benjamin, Scholem*, Paris, Le Seuil, 1992.

toujours. C'est aussi dans la mesure où le mythe fondateur de son identité a d'emblée accès à l'universel que son rapport à l'Absolu n'est pas lié à quelque moment passager de l'histoire. Ainsi, la vision hégélienne de l'histoire, qui se donne comme absolument vraie au niveau de l'histoire des nations, ne rend plus compte de toute la vérité et cesse par là d'apparaître comme le système de la totalité. Israël, comme incarnation de l'unique, brise l'unité de l'histoire. L'unicité, simplement parce qu'elle est, se donne pour victorieuse de la totalité.

Rosenzweig adopte vis-à-vis de l'ontologie de Hegel le même point de vue critique qu'à l'égard de sa philosophie de l'histoire. Il s'agit là encore de choisir un point d'appui extérieur au système pour en réfuter le caractère de système de la totalité. L'État hégélien représente la totalité parce qu'il donne seul le sens aux cellules particulières et à l'individu lui-même. La société idéaliste est animée par une finalité organique où le tout est la raison des parties, et l'individu qui dans cette société se perd dans le corps social, retrouve le sens de son individualité comme citoyen. L'autonomie individuelle est perdue mais, en tant que membre du corps social, le citoyen participe de la totalité. Rosenzweig définit au contraire l'homme vivant comme union de singularité et de volonté, cette volonté étant volonté d'être soi. L'ipséité de l'homme, que Rosenzweig nomme le *soi*, c'est sa suffisance, son enracinement en lui-même, le fondement de son identité. Le *soi* en tant que sujet de sa propre affirmation ne participe pas d'une généralité plus haute, n'appartient pas à la communauté humaine, échappe au jugement et au savoir et s'oppose à Dieu, infinitude essentielle. L'émergence de l'homme à l'existence s'accomplit à travers l'exercice du langage. Dans l'acte de parole, l'homme actualise les formes du langage autour de son ipséité ; en disant *je*, il se pose comme sujet et manifeste son existence irréductible. Le *je* désigne immédiatement le locuteur dans son unicité et rend inutile l'énoncé de son nom, le nom n'étant que la marque de la situation de l'homme dans un ensemble objectif, c'est-à-dire le signe qu'il est la partie d'un tout. Au contraire, dans la parole énoncée par le *je*, c'est le sujet qui se révèle comme entité irréductible au monde. On comprend à partir de là que toute expérience personnelle soit définie par son *hic et nunc* et rende impossible une saisie globale de la vérité. La vérité c'est ce dont chaque personne répond personnellement dans l'actualité de sa parole. Le visage apparaît alors comme signifiant d'un signifié qui est la vérité et l'expérience mystique se confond avec la vision du visage d'autrui, révélateur du sens ultime de l'être.

La pensée de Rosenzweig nous apparaît comme l'effort le plus abouti pour opposer le déploiement de l'unicité au triomphe de l'unité et de la volonté, pour opposer la force de la subjectivité imprescriptible à l'empire de l'objectivité, coïncidence du réel et du rationnel. Cette critique de la totalité occidentale est radicale parce qu'elle disjoint Dieu, le monde et l'homme, sans renoncer pour autant à scruter leur relation infinie, parce qu'elle débouche sur le renoncement à toute construction politique de la raison et n'appelle finalement que la rencontre entre les sujets parlants, inconnaissables hors de leur parole. La vérité n'a pas disparu dans un nihilisme dernier, elle a simplement déserté les allées de l'histoire collective et et de la totalité objective.

On pourrait bien sûr multiplier les convocations aux fins d'illustrer davantage la pensée de l'unique[1], d'autant qu'en certains points elle peut se conjuguer avec l'affirmation de ce qu'on nomme communément l'individualisme. Si l'on préfère s'en tenir aux deux positions que l'on vient de rappeler, c'est que celles-ci se donnent ouvertement pour des réfutations de la notion de totalité telle qu'elle se déploie, incontestable et définitive, dans la pensée hégélienne.

Ce qu'il importe de noter pour notre propos, c'est que les philosophies de l'unique semblent entraîner la politique elle-même dans leur rejet de la totalité et de la recherche unitaire. Ce rejet est explicite chez Stirner, qui bâtit l'essentiel de son raisonnement sur la critique du libéralisme et du socialisme et qui exprime une méfiance aiguë à l'égard de la prise de parti comme de la sujétion à l'État. Il est implicite chez Rosenzweig, pour qui la critique de la totalité débouche sur une quête exclusive de la vérité personnelle et de la révélation intersubjective. Dans leur recherche de l'unicité et leur opposition à l'emprise de l'État et de l'histoire, ces pensées semblent ouvrir sur

1. Bien sûr, le Leibniz du *Discours de métaphysique* et le Spinoza de l'*Éthique*. Surtout Kierkegaard pour qui l'individu ne peut jamais se résoudre à n'être qu'un moment dans le développement de l'idée, pour qui la vérité est subjective et n'appartient qu'au sujet unique qui n'a pas à la rapporter à l'universalité abstraite. Plus encore que chez Stirner, il est manifeste chez Kierkegaard que le postulat de l'unique nécessaire, réponse à la conception hégélienne de la totalité, conduit à la négation de la pensée politique et à l'affirmation de la pensée religieuse.

une forme de pluralisme étrangère à celle que connaît la démocratie. Plus que politique, leur horizon est religieux. C'est tout à fait clair chez Rosenzweig, qui mêle intimement l'affirmation de l'unicité du sujet et celle de son inévitable quête de l'altérité radicale, révélée en Dieu. Mais guère moins chez Stirner, qui cherche à remplacer le Christ par le sujet individuel comme « moi de l'histoire du monde », et qui pose dans une analogie explicite que « l'idéal "Homme" est réalisé lorsque la conception chrétienne se transforme et devient "Moi, cet Unique, je suis l'Homme"[1] ».

Le retour à la totalité

Pourtant il est concevable de rassembler dans la notion d'unique la dimension politique et la dimension sinon religieuse, du moins éthique de la pensée occidentale. Ainsi pour Lévinas, il y a une positivité de l'être qui, au-delà de l'appartenance de l'individu au genre qui lui donne unité, s'exprime dans le fait que l'Un n'est pas l'Autre, que chacun est autre à chacun. Il y a aussi une négativité de l'individu dans sa liberté, excluant les libertés des autres, poursuivant sa souveraineté solipsiste dans la guerre éventuelle de tous contre tous. Dès lors, c'est par raison et conscience que les individus sont humains. « Les individus surmontent la violence exclusive de leur *canatus essendi* et de leur opposition aux autres, dans une

1. M. Stirner, *op. cit.*, p. 449, ou : « On dit de Dieu : "les noms ne te nomment pas". Cela est également juste du Moi » (*ibid.*).

paix qui s'établit par le *savoir* dont la Raison assure la vérité[1]. » C'est dans le rassemblement libre autour de vérités idéales, notamment de la Loi, c'est à partir de l'institution politique et de la soumission à l'État que « les personnes étrangères les unes aux autres s'assimilent » et que « l'individu s'ouvre à la paix humaine[2] ». Le religieux se fait complice ici du politique pour imposer à la liberté du moi l'autorité de la vérité raisonnable et donner à l'individu l'accès à « l'égalité entre personnes en paix ». À l'envers de la totalité abstraite et de la vérité objective sur laquelle débouche la quête de l'unité, la promotion de l'unicité semble engager l'être humain dans une réconciliation avec lui-même et une paix avec tous que poursuivent séparément depuis toujours la religion et la politique. « Dans la paix éthique, la relation va à l'autre inassimilable, incomparable, à l'autre irréductible, à l'autre unique. Seul l'unique est absolument autre. Mais l'unicité de l'unique, c'est l'unicité de l'aimé. L'unicité de l'unique *signifie* dans l'amour[3]. »

S'il se confirme que la voie de l'unicité semble, au contraire de celle de l'unité, conduire à l'assomption du sujet humain posé comme réalité première et ultime, si la philosophie de l'unique semble éviter, refuser, contrer explicitement les dangers d'assimilation et de fusion qu'apparemment la passion de l'unité entraînait immanquablement, il reste que les pensées de l'unique n'échappent pas totalement à l'empreinte de la totalité.

1. E. Lévinas, *Entre nous*, Paris, Grasset, 1991, Le Livre de poche, p. 195-203.
2. *Ibid.*, p. 196.
3. *Ibid.*, p. 200.

Lévinas, dans un autre contexte, nous alerte involontairement sur ce que recèle de potentialités de domination l'idée de l'unique. Du monothéisme, Lévinas ne veut considérer que « le don, peut-être surnaturel, de voir l'homme absolument semblable à l'homme sous la diversité des traditions historiques que chacun continue[1] ». Et d'ajouter : « Mais il est davantage : *il oblige autrui à entrer dans le discours qui va l'unir à moi*. Il y a là un point de première importance. La logique des Hellènes établit, on le sait, un accord entre hommes. Mais il y a une condition à cela. Il faut que notre interlocuteur consente à parler, il faut l'amener au discours. Et Platon, au début de *La République*, nous dit que personne ne saurait obliger autrui à entrer dans un discours. Et Aristote nous dit que l'homme qui se tait pourra indéfiniment se refuser à la logique de la non-contradiction. Le monothéisme, la parole du Dieu Un, est précisément la parole que l'on ne peut pas ne pas écouter, à laquelle on ne peut ne pas répondre. Elle est la parole qui oblige à entrer dans le discours[2]. » Il est certes un lien essentiel entre le monothéisme et la croyance en l'unicité du sujet humain. Tout homme peut être considéré comme unique à partir du moment où Dieu a été déclaré unique. En posant le caractère transcendant de chaque parole humaine en tant qu'elle n'a qu'un auteur, en fondant la transcendance du sujet humain sur sa vocation d'auteur unique de sa propre vie, le monothéisme libère l'homme du statut de créature.

1. E. Lévinas, *Difficile liberté*, Paris, Albin Michel, 1963, Le Livre de poche, p. 249-252.
2. *Ibid.*, p. 249 et 250.

Mais le meilleur, cette sublimité de la vie humaine donnée pour domaine de l'incréé, lieu de la liberté radicale vis-à-vis du créateur, ne doit pas faire oublier l'obligation conjointe : « entrer dans le discours », « ne pas pouvoir ne pas écouter », « ne pas pouvoir ne pas répondre ». Autrement dit, l'idée d'unique oblige autant qu'elle libère, oblige en tant qu'elle libère, et des correspondances se décèlent entre l'unicité et le langage, le langage et le pouvoir, l'éminence de l'Un et le pouvoir de son nom.

Car, à ne considérer l'affirmation de l'unicité que dans sa réponse à l'apparente victoire de la totalité, on oublie qu'il existe une figure de la domination qui s'incarne dans l'Un et fut, bien avant les sursauts de l'individualisme anarchisant ou religieux, donnée pour un scandaleux mystère. Dans le *Discours de la servitude volontaire*, l'étonnement de La Boétie porte sans doute sur la disproportion aveuglante entre, d'une part, la force potentielle du nombre et son inefficience totale et, d'autre part, le dénuement et le pouvoir absolu tout à la fois du seul qui domine. Mais il porte davantage encore sur les racines de ce pouvoir qui semble ne tenir que dans le nom de l'Un.

La Boétie, dans son étonnement devant le phénomène de la servitude volontaire, laisse entendre que « les hommes asservis sont enchantés et charmés par le nom d'Un », ce qui revient, bien sûr, à « destituer la réalité de l'Un, celle du maître, n'en laisser précisément subsister que le nom, substituer à la relation visible du maître et de l'esclave un rapport invisible qui se noue avec la langue[1] ». Le déplacement que

1. C. Lefort, « Le nom d'Un », *in* É. de La Boétie, *Discours de la servitude volontaire*, Paris, Payot, 1976, rééd. Petite Bibliothèque Payot, 1993, p. 247-307.

Claude Lefort voit à l'œuvre dans le texte de La Boétie se fait de la servitude volontaire au désir de servitude, du désir de servitude à la fascination pour l'Autre retranché, pour le nom de l'Autre séparé de la langue et de la condition communes : « Au corps visible du tyran, qui n'en est qu'un parmi d'autres, s'attache l'image d'un corps sans égal, sans réplique, à la fois entièrement séparé de ceux qui le voient, en ceci entièrement rapporté à lui-même, et qui, tout voyant, tout agissant, ne laisserait rien subsister hors de soi. Image du pouvoir détaché, surplombant la masse des sans-pouvoir, maître de l'existence de tous et de chacun ; mais aussi image de la société toute rassemblée et possédant une seule et même identité organique[1]. » Voilà l'unité revenue du côté de l'unicité, la totalité organique parée du masque de l'unique.

À dire vrai, si la passion de l'unicité peut ainsi apparemment conduire au même naufrage de la liberté humaine et à la même disparition de la pluralité que la quête de l'unité, c'est qu'elle est marquée par l'inachèvement, c'est qu'elle est incomplète, insuffisante. En effet, comme le remarque Lefort, La Boétie met en évidence dans son essai le jeu pervers du singulier et du pluriel à la racine du passage malencontreux de l'unique à l'unifié. « Celui qui vous maistrise tant n'a que deus yeulx, n'a que deus mains, n'a qu'un corps, et n'a autre chose que ce qu'a le moindre homme du grand et infini nombre de vos villes, sinon que l'avantage que vous lui faites pour vous destruire », écrit La Boétie, stigmatisant là l'indifférencia-

1. *Ibid.*

tion de ce « vous » complice du tyran, l'unification, la massification de tous qui, en face de l'Un, répond par là à son pouvoir. C'est dans l'identité imaginaire du corps total, du tout, dans l'illusion du peuple-un, engendrée en même temps que l'illusion du seul autre, de l'unique retranché de tous, que gît la tyrannie. C'est parce que chaque unique néglige son unicité pour se fondre en un tout que le pouvoir du seul qui reste différent, non fondu, peut s'exercer pour tous contre chacun. La Boétie dans ce « vous » désigne en réalité « un *entre-vous*, le pluriel qui se défait dans la production de l'Un, le renoncement réciproque d'où surgit l'Autre[1] ».

Mais, pourrait-on ajouter, ce qui se défait là c'est aussi et peut-être d'abord le singulier, l'unicité de chacun, et de cette disparition fondamentale de la singularité naît en réalité la tyrannie de l'Un-autre, masque du tous. Lévinas a raison de marquer comme il le fait la surnaturalité de l'idée d'unique telle que l'inventa le monothéisme, parce qu'à partir de là la logique est enclenchée qui doit mener à la sacralisation et à l'universalisation de chaque singulier ainsi qu'à l'égalité de tous. L'idée d'unique recèle un immense pouvoir de constitution du sujet humain parce qu'elle appelle chacun à l'autorité sur sa vie, parce qu'elle entraîne par là le refus des aliénations et des dominations, mais l'unicité ne devient source de socialité qu'à partir du moment où tous les associés la font leur, où chaque individu l'intègre pour lui-même.

Si l'idée d'unique se développe au contraire sur une assise d'inégalité radicale, c'est alors, dans la logique

1. *Ibid.*

de La Boétie, la possibilité d'une domination absolue qui s'ensuit. Le pouvoir absolu de l'unique peut s'installer au détriment de chacun parce qu'une séparation a d'abord été posée entre le pouvoir du seul et la sujétion de tous. C'est dans le silence de la théorie moderne de la représentation que peut s'instaurer la domination de l'unique. Parce que l'expression du peuple, dans les doctrines totalitaires, n'est pas définie à partir de la volonté et de l'autonomie du représenté mais repose sur son statut objectif, sa nature objective, le représentant peut s'autodésigner et dire le bien ou la vérité à adjuger autoritairement au collectif représenté. Ce n'est pas l'unicité même du pouvoir qui oblige et asservit le sujet de la politique, c'est le défaut d'unicité de chaque représenté qui entraîne son asservissement et sa disparition en tant qu'auteur de sa propre volonté.

L'unicité peut donc apparaître, en politique aussi, comme une réponse à la dérive vers la totalité, mais à condition de se dire comme unicité de chaque volonté et non comme unicité du pouvoir solitaire, même et surtout s'il est exercé au nom de tous. Dans la logique de l'unique, est insensé le nom de tous. Il n'est de nom que singulier et de parole qu'en nom propre. C'est pourquoi, chez les tenants d'une philosophie de l'unique, le pouvoir reste impensé au profit plutôt de l'expérience religieuse[1], ou se trouve dévalorisé

1. La glorification du Dieu unique, de l'unique sujet humain et aussi de la relation unique de chaque croyant avec son Dieu est une des figures principales du discours mystique. Mais cette unicité va le plus souvent de pair avec la volonté de conjuguer, de réconcilier, le moi divisé, le singulier et l'universel, le divin et l'humain. Cf. M. de Certeau, *La fable mystique. XVIe-XVIIe siècle*, Paris, Gallimard, 1982.

comme expression de la dépossession personnelle dans la représentation et de l'aliénation dans la prise de parti.

Paradoxalement, la pensée de l'unique ramène ainsi à l'idée de multiple. L'Un, défini comme indivisible en lui-même et ne possédant rien hors de lui même, c'est bien l'individu singulier qui n'est jamais assimilable à l'ensemble dont il fait partie. En ce sens l'Un, ou l'unique, ne fait pas nombre et il est convertible avec l'être. Contrairement à la tradition néo-platonicienne dont nous avons vu chez Plotin une des formes les plus abouties, l'Un comme unique se constitue bien comme monade, c'est-à-dire unité numérique, il ne précède pas l'être mais se conjugue avec lui, il n'est pas exempt de détermination et de prédication. Bien sûr, l'Un s'oppose au multiple, mais dans la pensée moderne la multiplicité humaine ne fait plus corps, elle n'est faite que d'uniques, et si l'on renonce à construire la totalité où fatalement l'unicité se perd, c'est bien le multiple et sa concrétude qui retrouvent un statut dont la quête d'unité les avait privés.

Unicité et incorporation

Si à déclarer le primat de l'unicité on rencontre le multiple, tandis qu'à rechercher l'unité on trouve la totalité et la perte de toute singularité, il faut toutefois rappeler la tentative originale accomplie par la pensée juive puis transformée par la pensée chrétienne pour poser et concilier en même temps l'affirmation de l'unique et la réalisation de l'unité.

L'anthropologie biblique, si manifestement ordonnée autour de la célébration de l'unique, qu'il s'agisse de Dieu, du peuple ou du sujet humain, a cherché plus que d'autres à donner pour naturellement intégrés l'unique singulier et l'unique collectif[1]. Israël a développé dès les premiers écrits du Pentateuque une conscience aiguë de la cohésion sociale et religieuse qui unit le groupe et qui fait de chacun de ses membres un représentant potentiel de la collectivité, de telle manière que « l'union de l'individu et de la société religieuse revêt des caractères très spéciaux de réalisme et de réversibilité[2] ».

Dans cette conception du monde, l'individu existe pleinement et se trouve investi de toute la dignité ontologique qui convient au partenaire du projet divin. La piété individuelle comme la responsabilité et la culpabilité individuelles sont mentionnées dans la Bible, elles peuvent aller, comme dans les Psaumes[3] ou le Livre de Job[4], jusqu'à l'interrogation et la protestation existentielles et ouvrir à une relation interpersonnelle d'unique à unique. Mais il y a plus. Outre le lien qui peut s'établir entre Dieu et son peuple ainsi qu'entre Dieu et chaque homme, une autre relation est toujours ouverte qui unit Dieu à un individu en tant que ce dernier est identifié au peuple tout entier.

1. Cf. J. de Fraine, *Adam et son lignage*, Paris, Desclée de Brouwer, 1959.

2. *Ibid.*, p. 15.

3. On compte 38 psaumes de supplications individuelles et seulement 7 de supplications collectives. Cf. sur ce point l'introduction au Livre des Psaumes dans la version Osty, ainsi que l'étude de P. Beauchamp, *Psaumes nuit et jour*, Paris, Le Seuil, 1980.

4. À la fin de son apostrophe à Dieu, Job s'écrie : « Par ouï-dire je te connaissais, mais maintenant mon œil t'a vu (42, 5).

Dans ce cas, l'individu n'est pas seulement membre du peuple, il *est* le peuple ; le singulier n'est pas compris dans le tout, il *est* le tout. Cette notion d'une singularité qui serait en même temps collective a été désignée par certains exégètes sous le terme de *personnalité corporative*[1]. Cette notion suppose, loin de toute fiction juridique, qu'« un groupe entier, incluant les membres morts, vivants et encore à naître, peut agir comme un seul individu par l'intermédiaire de n'importe lequel de ses membres, faisant figure de le représenter[2] ». On cherche à désigner par le vocable de *personnalité corporative* deux réalités distinctes : d'une part qu'un individu soit fonctionnellement identifié à une communauté, d'autre part qu'il demeure pourtant identifiable comme individu. Souvent, le texte biblique traite les membres actuels du peuple comme s'ils étaient ses constituants anciens, les anciens, les pères, et le procédé a pour fin de signifier le rayonnement encore et toujours actuel d'éminentes personnalités ancestrales. La communauté est unifiée dans le temps par la marque de l'individu prééminent d'où le groupe est issu. D'autres fois, le texte présente un individu donné comme incluant d'avance la communanté future. À partir de cette conception d'un individu dont l'œuvre et la personnalité dépassent les contours de sa propre contingence, l'économie biblique fonctionne d'une manière réversible : une sanction peut être appliquée au peuple entier à la suite d'un crime individuel ou, à

1. Le terme a été proposé par H. Wheeler Robinson et repris par le Père de Fraine.

2. J. de Fraine, *op. cit.*, p. 17.

l'inverse, le peuple peut être justifié à partir du petit groupe qui « reste » et conduit la nation entière à sa pleine réalisation.

À dire vrai, il est impossible de distinguer dans l'univers vétéro-testamentaire l'individu, le groupe et le lien où ils sont tenus ensemble. « Le tout est entièrement dans l'individu et vice versa[1] » ; le groupe se révèle en chaque individu, manifestation concrète de la personnalité collective accessible par lui ; le groupe dans son entièreté et son unicité n'est pas réductible à l'addition de ses membres mais demeure réalité vivante et unique en chacun d'eux ; chaque individu est en même temps une personne singulière, unique, s'épanouissant dans le groupe, et une réalisation concrète et entière du groupe, une extension du groupe.

Cette conception première est reprise dans le Nouveau Testament sous les traits du Corps mystique. Mais la théologie paulinienne infléchit quelque peu les intuitions vétéro-testamentaires pour conduire finalement à des élaborations ecclésiologiques qui vont constituer le socle de l'organicisme médiéval.

Le Christ est donné par Matthieu comme présent en chaque autrui rencontré par chaque homme, et Paul transforme cette figure du transfert en image d'incorporation, principe constitutif de l'Église[2]. Et ce sont les grandes métaphores corporelles de la première épître aux Corinthiens[3] et de l'épître aux

1. J. Pedersen, *Israel. Its Life and Culture*, Copenhague, 1946, p. 55. Cité par J. de Fraine, *op. cit.*, p. 26.

2. « Il n'y a pas de Juif ni de Grec, il n'y a pas d'esclave ni d'homme libre, il n'y a pas d'homme et de femme ; car tous vous êtes un en Christ-Jésus » (Ga. 3, 28).

3. « De même, en effet, que le corps est un, tout en ayant

Romains : « Car, de même qu'en un seul corps nous avons plusieurs membres et que ces membres n'ont pas tous la même fonction, ainsi, à plusieurs, nous sommes un seul corps en Christ, étant tous et chacun membre les uns des autres[1]. »

L'inflexion que fait subir Paul à l'ancienne conception juive de la personnalité corporative, pour discrète qu'elle apparaisse, nous semble en réalité des plus importantes. En effet, l'apôtre ne dit pas que chaque individu est le groupe tout entier, qu'il en représente et en condense l'intégralité, mais que chacun est membre du corps ; différencié, singulier, irremplaçable peut-être, du corps, du même corps, mais pas à soi seul le corps tout entier. La métaphore corporelle, qui connaîtra de longs développements dans la pensée religieuse et politique de l'Occident, a des implications logiques assez lisibles : elle fait d'une collectivité un tout sans pour autant faire perdre à chaque membre sa singularité. Chaque singulier est identifiable et irremplaçable et deux membres ne sont pas interchangeables comme peuvent l'être deux singuliers dans le cadre d'une lecture totale dérivée de l'individualisme égalitaire. Mais d'un autre côté, chaque membre, unique et incorporé, ne résume pas, ne représente pas le corps tout entier. Certes l'Église,

---

plusieurs membres, et que tous les membres du corps, bien qu'étant plusieurs, ne sont qu'un seul corps, ainsi en est-il du Christ [...]. Aussi bien, le corps n'est-il pas un seul membre mais plusieurs [...]. Dieu a mis chacun des membres dans le corps comme il l'a voulu. Si le tout était un seul membre, où serait le corps ? Mais il y a plusieurs membres, et un seul corps [...]. Vous êtes, vous, le corps de Christ, et membres chacun pour sa part » (1 Cor. 12, 12-28).

1. Rm. 12, 4.

Corps du Christ, ne fonctionne pas comme une agrégation d'individus isolés, elle éloigne au plus loin l'image de la foule émiettée, mais elle ne donne à chaque membre que la dignité de membre, elle ne lui confère pas l'entière identité de l'ensemble.

La métaphore corporelle et l'ecclésiologie du Corps mystique s'inscrivent dans la problématique générale de l'Un et du multiple comme une élaboration explicite de la conciliation entre unité et unicité. Cette pensée repose d'abord sur l'affirmation d'une unicité inaliénable de chaque homme engagé pour sa propre part dans l'histoire du salut et dans la communion au Christ sauveur. Mais tout aussitôt elle place chaque singularité dans un agencement corporel qui insiste sur l'unité autant que sur l'unicité, qui fait de chaque membre du corps et du corps tout entier une entité unique, de telle sorte qu'elle se rapproche par là du travail de la totalité[1] que nous avons vu précédemment au bout de la quête d'unité.

On connaît le destin des élaborations précédentes. Dans la pensée religieuse et politique occidentale, c'est la version néo-testamentaire de la métaphore corporelle plus que l'ancienne conception juive de la personnalité corporative qui a inspiré les théologiens médiévaux du Corps mystique, puis les juristes royaux qui en ont dérobé le sens aux fins d'enter les

1. Dans les épîtres de la captivité, Paul multiplie les références à la métaphore corporelle et lui donne une extension plus grande, jusqu'aux célèbres versets des Colossiens sur « l'homme nouveau », qui se terminent par une allusion au tout qui n'est pas sans rappeler le dernier Platon : « Là il n'y a plus de Grec ou de Juif, de circoncis ou d'incirconcis, de barbare, de Scythe, d'esclave, d'homme libre, mais Christ, qui est tout et en tout » (Col. 3, 11).

théories du pouvoir monarchique sur la doctrine eucharistique[1]. Cette figuration des rapports sociaux comme s'inscrivant dans une logique corporelle n'a cessé d'inspirer une part importante des théories sociales et n'a nullement disparu avec l'avènement de l'individualisme, de la séparation et de la représentation[2]. Après la Révolution française, la logique organique a revêtu une charge polémique chez tous ses utilisateurs. Elle a été développée à des fins argumentatives, pour étayer une démonstration de la consistance du plan humain et de son intégration à l'univers, pour placer la communauté sociale dans la continuité des réalités naturelles et en soustraire ainsi les principes d'organisation à la discussion et à la contestation[3]. Elle a permis de présenter le monde social comme un monde d'harmonie où préside une rationalité d'ensemble sans coercition ni violence. Elle a servi à justifier les hiérarchies sociales comme obéissant à un plan naturel indépassable sans risque, oubliant dans ce dernier développement l'inspiration

1. Cf. H. de Lubac, *Corpus Mysticum*, Paris, Aubier, 1944. H. de Lubac analyse les effets de sens et, pourrions-nous ajouter, de pouvoir, entraînés par le déplacement au Moyen Âge de la locution *Corpus mysticum* jusqu'alors employée pour désigner l'hostie à la définition de l'Église, tandis que l'hostie consacrée est désormais appelée *Corpus verum*. Le visible devient mystique et l'invisible vrai. Formidable association du pouvoir et du langage. Sur la destinée politique de ces débats théologiques, cf. E. Kantorowicz, *Les deux corps du roi : essai sur la théologie politique au Moyen Âge*, trad. fr., Paris, Gallimard, 1989.

2. R. A. Nisbet, *La tradition sociologique*, trad. fr., Paris, PUF, 1984, chap. III et IV (1re éd. 1966).

3. Cf. sur ce point l'ouvrage central de J. E. Schlanger, *Les métaphores de l'organisme*, Paris, Vrin, 1971.

foncièrement égalitaire de la sotériologie chrétienne dans laquelle elle avait pris naissance.

C'est donc en définitive dans la logique unitaire telle qu'elle se déploie complètement dans la métaphore corporelle et les théories organicistes que débouchent les tentatives anciennes de poser l'unité de la communauté à partir du postulat de l'unicité. La logique uniciste apparaît décidément en liaison intime avec la pensée religieuse et aboutit finalement soit dans l'affirmation d'un individualisme anarchisant, rebelle à toute affiliation et au fond à toute interrogation politique, soit dans la construction d'une communauté organique où, quelle que soit la prédominance affirmée de l'unique, c'est la logique d'ensemble qui confère sa signification ultime à chaque singularité concourant à l'œuvre commun.

À prendre ainsi la question de l'Un et du multiple dans l'opposition radicale entre unité et unicité, les enjeux philosophiques mais aussi politiques en sont assez clairs. Le caractère ineffable et inatteignable de l'Un, à l'origine de la dérive unitaire, resurgit dans la protestation des singularités et dans le postulat d'une unicité imprescriptible telle que seules demeurent l'autonomie du sujet et sa libre révélation dans sa propre parole. Ici s'effacent les contours de la socialité tandis que s'ouvrent la voie religieuse, la quête mystique et la découverte intersubjective. Avant d'examiner l'autre facette sous laquelle se présentent selon nous les modes de traitement du pluralisme, soit l'opposition entre ordre binaire et ordre ternaire, on se contentera de souligner pour l'instant que, quel que soit le mode de levée de l'aporie de l'Un et du multiple, il n'est pas de place assurée pour le pluralisme et encore moins pour les instances d'expression des différences. Soit parce qu'elles sont par nature incomplètes, partielles, inachevées et rendent inaccessible la totalité désirée, soit dans l'autre cas parce qu'elles sont agrégation contraignante, reconstruction abstraite, et donc mutilation des singularités foncièrement insaisissables.

Chapitre V

BINARITÉ ET TERNARITÉ

Un point ne peut manquer d'apparaître dans les termes que nous avons rapportés du dispositif précédent. Dans la plupart des interrogations et des tentatives de solution dont la philosophie occidentale s'est chargée au regard de l'opposition entre l'Un et le multiple, tout se passe comme si les nombres à la disposition de l'intelligence se résumaient à un et à deux. En effet, dans la plupart des modèles que nous avons présentés, c'est l'Un qui est placé en tête de l'histoire humaine et donné pour fin désirable de la recherche. Le multiple, à comprendre, à dépasser, à traiter, à réduire, apparaît toujours comme le terme second de l'aporie. Le multiple n'est pas approchable dans la réalité de son essence, il doit, pour être connu et traité, se rapporter à l'unité ou être considéré sous la figure de l'unicité. C'est assez dire que la question de l'Un et du multiple se ramène à une opposition binaire dans laquelle, bien évidemment, il n'est pas difficile de voir ramassés de manière métonymique tous les autres binômes fondateurs de la Raison occidentale.

On connaît la table pythagoricienne des opposés

rapportée par Aristote qui, à partir des deux principes fondamentaux de la limite et de l'illimité, déploie une série de dix binômes dans laquelle l'opposition entre l'Un et le multiple côtoie celle entre la droite et la gauche, le repos et le mouvement ou le bien et le mal[1]. C'est sur ce dualisme premier qu'Aristote construit sa physique des contraires où le principe des éléments est ramené au travail entre la cause efficiente et la cause matérielle. On trouve chez Platon un système analogue de production du réel à partir du jeu dialectique entre les genres de l'être que sont le Mouvement et le Repos, et le Même et l'Autre[2]. Ce dernier axe logique est investi par la suite d'une charge polémique que met bien en évidence Lévinas lorsqu'il plaide pour la métaphysique contre l'ontologie, la première étant le territoire de l'Autre, la seconde celui du Même. Pour lui, la philosophie occidentale de Socrate à Heidegger a été le plus souvent une ontologie, c'est-à-dire « une réduction de l'Autre au Même, par l'entremise d'un terme moyen et neutre qui assure l'intelligence de l'être[3] ». La primauté du Même fut, dès le départ, la leçon de Socrate qui engage à ne rien recevoir d'Autrui dont je ne trouve trace et indice en moi, qui enseigne que connaître l'être revient à lui ôter son altérité, que connaître l'individu implique d'en capter non son individualité mais au contraire sa généralité : « L'idéal de la vérité socratique repose donc sur la suffisance essentielle du Même, sur son identification

1. *Métaphysique*, A, 5, 986a.

2. *Le sophiste*, 254d-256d.

3. E. Lévinas, *Totalité et Infini*, Martinus Nijhoff, 1971, Livre de Poche, p. 33-34.

d'ipséité, sur son égoïsme. La philosophie est une égologie[1]. » À l'autre extrémité, l'affirmation par Heidegger de la primauté de l'être sur l'étant conduit à subordonner la relation avec quelqu'un à une relation de savoir avec l'être impersonnel, à substituer le rapport de connaissance au rapport éthique : « La relation avec l'être qui se joue comme ontologie, consiste à neutraliser l'étant pour le comprendre ou pour le saisir. Elle n'est donc pas une relation avec l'autre comme tel, mais la réduction de l'Autre au Même[2]. »

L'ontologie est ainsi une « philosophie du pouvoir » : en ne mettant pas en question le Même, elle se donne comme « philosophie de l'injustice ». En revanche, la métaphysique est une philosophie de justice et d'éthique où le pouvoir devient impossibilité du meurtre et considération de l'Autre, où la connaissance de l'être est subordonnée à la rencontre de l'étant, où la société est société de Moi avec Autrui, inséparablement, où la compréhension du Même ne peut précéder l'écoute de l'Autre, où le désir d'infini dépasse le besoin de totalité. Il importe peu ici de discuter la thèse de Lévinas en marquant notamment combien l'activité de connaître, irréductible à la relation éthique, suppose une certaine intégration du Même, combien la découverte de la différence ne peut s'appuyer que sur l'expérience conjointe de la ressemblance. Il suffit de noter pour notre propos que, déplaçant l'opposition entre l'unité et la multiplicité vers celle de l'unicité et de la totalité, on est conduit

1. *Ibid.*, p. 35.
2. *Ibid.*, p. 37.

plus loin à rencontrer d'autres dualismes fondateurs dont le principal, le Même et l'Autre, pose à la fois la question de la vérité et de la connaissance, et celle de la justice et de la socialité, que là encore il n'est, semble-t-il, pas d'autres voies à l'intelligence et à la volonté que de privilégier l'un ou l'autre terme du binôme, comme si les questions essentielles de la recherche humaine se ramenaient inévitablement à des oppositions binaires, à un choix entre deux positions contraires et inconciliables.

La médiation cachée

Il faut d'abord insister sur la différence fondamentale, sur la différence de nature, qui s'exprime entre l'ordre du deux et l'ordre du trois. Simmel a le premier insisté sur les implications sociologiques d'une structure dyadique ou triadique des groupes. On peut logiquement inférer du nombre des membres d'un groupe des caractéristiques formelles qui viennent informer la nature de ce groupe et ses capacités de transformation. Il ne s'agit pas seulement de noter que le nombre est en lui-même constitutif de l'identité de certains groupes, que le communisme des biens ne peut concerner que de petites collectivités, que la division quantitative peut avoir des effets modérateurs, comme dans le cas des procédures électives à Rome où l'organisation du corps électoral en unités distinctes tendait à signifier la limite de tout pouvoir, que le faible nombre d'adhérents de certains partis les incline à professer un radicalisme doctrinal plus marqué que dans les formations plus nombreuses. Il faut noter au-delà que la structure des relations, le jeu de l'influence et du pouvoir, la nature de l'organisation sociale dépendent largement des propriétés formelles entraînées par le passage de un à deux, de deux à trois ou de trois à quatre. Les césures ne sont pas de même nature ni de même importance à chacun de ces passages. La première rupture intervient naturellement lors du passage de l'unité à la dualité puisque c'est l'entrée en relation, la possibilité de l'amitié et de l'inimitié, l'apparition aussi de la notion de secret. Mais cette première rupture concerne à peine la réflexion sociologique puisque celle-ci est à proprement parler absente de l'univers de l'Un et ne se satisfait pas de la relation interindividuelle. La rupture fondamentale surgit lors du passage de deux à trois. C'est avec le nombre trois que naît la possibilité de véritables constellations sociales et de structures de pouvoir. « Lorsque trois éléments, A, B, et C, constituent une communauté, il s'ajoute à la relation directe qui existe entre par exemple, A et B une relation, directe également, qu'ils acquièrent grâce à leur lien commun avec C. D'un point de vue sociologique, ceci constitue un enrichissement incontestable ; en plus du lien direct et en ligne droite qu'ils ont les uns avec les autres, chacun des éléments de chaque paire est également relié à l'autre par une ligne brisée. Lorsque deux éléments ne trouvent pas le moyen d'établir le contact directement sur un point quelconque, il s'établit une relation réciproque à travers le troisième membre qui présente à chacun un autre côté de la question et qui pourtant les réunit grâce à sa personnalité propre. Les divergences que les parties en présence n'arrivent pas à concilier le sont par le tiers ou bien parce qu'elles se trouvent englobées dans un ensemble plus vaste. D'autre part, les liens directs ne sont pas seulement renforcés par les liens indirects, ils peuvent aussi être détruits. Il n'existe jamais entre trois personnes une relation suffisamment étroite pour que, dans certaines circonstances, l'un des individus ne puisse être considéré comme un intrus par les deux autres, ne serait-ce que pour le simple fait de ne pas partager certaines de leurs humeurs[1]. »

Avec le nombre trois s'ouvre une nouvelle configuration des rapports que la structure duale ne permettait pas. La relation duale, en effet, ne peut que revenir sur elle-même, tandis qu'avec le tiers une ouverture se fait sur le quatre et tous les autres nombres. C'est le nombre trois qui constitue le départ d'une série, c'est l'apparition du tiers qui rend possible la relation entre majorité et minorité. C'est avec le trois également que le groupe échappe à la finitude spéculaire de la dyade et devient potentiellement immortel puisque ses membres peuvent se remplacer les uns les autres. L'entrée dans le groupe, dans le social et le politique, se fait au nombre trois et la différence de ce point de vue est beaucoup plus marquée entre dyade et triade qu'entre triade et tout autre groupe plus nombreux puisque la structure de tous les autres groupes peut se ramener à la forme triadique. Avec l'apparition du troisième élément, l'histoire du groupe s'enclenche et les trois fonctions possibles du

1. G. Simmel, « The Number of Members as Determining the Sociological Form of the Group », *American Journal of Sociology*, 8 (1), juillet 1902, p. 45-46. Cité par T. Caplow, *Deux contre un. Les coalitions dans les triades*, Paris, A. Colin, 1971, p. 36-37.

tiers — celle de médiateur, celle de despote et celle de *tertius gaudens* — peuvent engager le jeu politique. Le tiers introduit ainsi des discontinuités et des brèches dans la relation duale immobile ou circulaire, il permet dès lors à la fois l'opposition et la conciliation, la division et la tolérance, l'apparition du conflit et sa neutralisation. Le tiers ouvre la relation hiérarchique, le commandement et l'obéissance au pouvoir intermédiaire et à l'équilibre des contre-pouvoirs, de telle manière que la domination première en soit allégée, contournée ou abolie.

La question sous-jacente à l'opposition entre le deux et le trois qui concerne très directement l'organisation sociale et politique est celle de l'égalité ou de la hiérarchie entre les parties d'un tout. Comme l'a montré Louis Dumont[1], les classifications binaires et les oppositions duelles présentent cette caractéristique de fonctionner apparemment dans l'égalité postulée de leurs éléments. Ce n'est pas qu'une hiérarchie ou une inégalité des valeurs associées aux pôles de l'opposition ne soit pas présente dans la classification utilisée, mais cette présence est cachée et le plus souvent non reconnue par le principe de classification en jeu. L'anthropologie présente ainsi des séries d'oppositions destinées à décrire la structure d'un dispositif culturel et affiche son souci de prendre « dans son contexte chacune des homologies entre deux de ces oppositions. Mais il est clair que dans la construction du tableau en deux colonnes tous les contextes sont confondus ou élidés[2] ». Si l'on considère par exemple

1. L. Dumont, *Essais sur l'individualisme*, Paris, Le Seuil, 1983.
2. *Ibid.*, p. 213.

l'opposition droite-gauche, emblème des oppositions binaires, on voit bien qu'il ne s'agit pas d'une simple « polarité » ou « complémentarité » des éléments. « Les deux termes ou pôles n'ont pas un statut égal : l'un est supérieur (généralement la droite), l'autre inférieur. D'où le problème tel qu'il a été historiquement soulevé : comment se fait-il que les deux opposés que nous prenons (gratuitement) comme égaux ne le soient pas en réalité ? » Ce qui, pour Dumont, manque à ce système d'oppositions, « c'est de reconnaître que la paire droite/gauche n'est pas définissable en elle-même, mais *seulement en relation à un tout*, un tout fort concret puisqu'il s'agit du corps humain (et d'autres corps par analogie)[1] ».

Edmund Leach ne dit pas autre chose lorsqu'il constate que la plupart des rapports humains sont inégalitaires et que « les couples dyadiques normaux, représentés par les catégories d'opposition époux/épouse, parent/enfant, aîné/cadet, frère/sœur, sont toujours asymétriques et ne peuvent jamais fonctionner comme rapports d'égalité complète[2] ». Leach fait encore remarquer que « les seuls rapports, ou presque, dont on admet qu'ils impliquent symétrie et égalité sont ceux que nous rangeons sous la rubrique “amitié” et “inimitié”[3] ». De même, Claude Lévi-Strauss remarque que, dans certaines organisations sociales, des moitiés tenues à des obligations réciproques et exerçant des droits symétriques peuvent

1. *Ibid.*, p. 215.
2. E. Leach, *L'unité de l'homme et autres essais*, trad. fr., Paris, Gallimard, 1980, p. 365.
3. *Ibid.*, p. 366.

être en même temps hiérarchisées. Il convient selon lui de distinguer entre un dualisme diamétral et un dualisme concentrique : « Le premier est statique, c'est un dualisme qui ne peut pas se dépasser lui-même ; ses transformations n'engendrent rien d'autre qu'un dualisme semblable à celui dont on était parti. Mais le dualisme concentrique est dynamique ; il porte en lui un triadisme implicite[1]. » Autrement dit, la limite de l'opposition duelle est de ne pas fonctionner dans la réalité comme son principe de construction le suppose, c'est-à-dire dans l'égalité des éléments, mais de renvoyer au contraire à une hiérarchie implicite. Et si cette hiérarchie est bien à l'œuvre dans l'opposition examinée par Dumont, c'est parce que ses éléments renvoient à un tout préalable et dont la réalité est ensuite tue. « En somme, la classification binaire est insuffisante de deux points de vue. Quant aux oppositions elles-mêmes qu'elle considère, elle a tort de prendre comme équistatutaires des oppositions qui ne le sont pas, elle prétend saisir l'anatomie des idées

1. C. Lévi-Strauss, « Les organisations dualistes existent-elles ? », *in Anthropologie structurale*, Paris, Plon, 1958, 147-180. Hamelin déjà, dans son *Essai*, marquant la différence qui sépare deux termes contradictoires et deux termes contraires, notait au contraire de Hegel que seule la contrariété ouvre à la synthèse puisque dans la contradiction proprement dite les deux termes s'excluent l'un l'autre et se réduisent en fait au monisme. Et cette contrariété qui anime deux éléments ouvre nécessairement à un troisième terme assimilable au tout : « le fait primitif, c'est que tout posé exclut un opposé et que les deux opposés n'ont de sens que l'Un par l'autre. Mais par là même, il faut bien qu'ils soient donnés ensemble, ce sont les deux parties d'un tout » (O. Hamelin, *Essai sur les éléments principaux de la représentation*, Paris, Alcan, 1907, 3e éd., PUF, 1951, p. 1).

indépendamment des valeurs qui leur sont indissolublement attachées, elle pèche donc par un égalitarisme déplacé qui évacue la valeur de l'idée. En second lieu, elle confond uniformément des contextes ou situations qui peuvent être ou non distingués dans l'idéologie étudiée[1] ».

Deux enseignements peuvent être tirés pour notre propos de ces remarques sur les classifications anthropologiques binaires. Le premier est que la dualité, pour fonctionner, doit respecter la stricte équivalence des éléments entrant dans son jeu. Le second est que les limites du pouvoir descriptif d'un système d'oppositions binaires tiennent à l'introduction d'un principe hiérarchique qui est celui du tout présidant à l'organisation des éléments entre eux. Ce tout qui vient subrepticement abolir l'équivalence des éléments de la dualité joue comme un terme tiers. L'ordre du trois est celui de la hiérarchie lorsque le tiers se pare de la valeur du tout[2]. Mais aussi, l'ordre du trois est celui de la transaction tandis que la véritable égalité binaire ne fonctionne, si l'on en croit Leach, que dans les rapports ami/ennemi.

1. L. Dumont, *op. cit.*, p. 220.

2. Pour Durkheim et Mauss, « les choses sont avant tout sacrées ou profanes, pures ou impures, amies ou ennemies, favorables ou défavorables », et ces classifications primitives ne sont pas sans analogie avec celles qui sont en usage dans les pratiques scientifiques : « elles sont, tout comme les classifications des savants, des systèmes de notions hiérarchisées. Les choses n'y sont pas seulement disposées sous la forme de groupes isolés les uns des autres, mais ces groupes soutiennent les uns avec les autres des rapports définis et leur ensemble forme un seul et même tout » (E. Durkheim et M. Mauss, « De quelques formes primitives de classification », *in* E. Durkheim, *Journal sociologique*, Paris, PUF, 1969, p. 395-461 [p. 455 pour la citation]).

La médiation assumée

Ainsi, des propos précédents nous pouvons dès maintenant inférer que l'ordre du trois est celui à la fois de la hiérarchie et de la transaction, l'ordre de l'inégalité, de la complémentarité et de la totalité. C'est ici que l'on doit, à propos d'une identité prise entre le deux et le trois, rappeler que le pluralisme partisan exprime le pluralisme de la structure sociale et que l'existence même des partis se rapporte, dans une société individualiste et atomisée, à la nécessité d'organiser et de coordonner l'hétérogénéité introduite par la disparition des corps intermédiaires. Si le parti se définit par cette production de consensus que met en évidence Cochin ou ce conformisme disciplinaire étudié par Ostrogorski, n'est-ce pas en raison de l'héritage, au sein de la démocratie individualiste, de la fonction d'unification du social remplie sous l'Ancien Régime par l'organisation trinitaire des rapports sociaux ?

Au début de son enquête sur l'imaginaire du féodalisme, Georges Duby rappelle combien la triplicité des états qui constitue la fondation de la monarchie d'Ancien Régime est un système dans lequel les relations sociales sont intégrées à d'autres structures ternaires qui rendent compte de l'univers tout entier, visible et invisible. Le *Traité des Ordres et Simples Dignitez* de Loyseau, à partir duquel il ouvre sa description de l'organisation politique et sociale d'Ancien Régime, pose la discipline et l'inégalité comme inhérentes à un ordre général dont les multiples divisions aboutissent à l'unité. Et cette chaîne qui vient d'en haut et fonctionne sur un enchevêtrement de relations binaires où toujours l'un commande à l'autre, cette chaîne « tend inévitablement à la ternarité[1] ». Trois fonctions : servir Dieu, conserver l'État par les armes, tirer de la terre la nourriture. Trois routes aussi, trois vocations, trois degrés pour s'élever de la terre au ciel et de la nature vers son Créateur : paysan, guerrier, prêtre. Juxtaposant des textes qui s'échelonnent sur un millénaire, Georges Duby montre que « trente ou quarante générations successives ont imaginé la perfection sociale sous la forme de la trifonctionnalité », que cette représentation mentale a résisté à toutes les pressions de l'histoire », que « c'est une structure[2] ». Cette structure a pour caractère essentiel de poser ensemble la hiérarchie, la concorde et l'ordre, de les poser comme image de la perfection, issus de l'organisation céleste elle-même. Cette organisation va de soi parce qu'elle est dans l'ordre des choses, tel que l'a voulu le Créateur et tel qu'il sied de le respecter. Si la hiérarchie s'impose, c'est parce qu'il y a bien un ordre des mérites qui vient justifier le principe d'autorité. Si un système d'obligations ordonne les rapports des uns et des autres, c'est parce qu'une hiérarchie des mérites et une discrimination à l'égard du péché précèdent et fondent l'organisation sociale. Cette trifonctionnalité sociale fondée en transcendance s'inscrit dans une structure mentale plus profonde que Georges Dumézil a mise au jour à propos de la pensée indo-européenne, l'idéologie des trois fonctions qui parcourt notam-

1. G. Duby, *Les trois ordres ou l'imaginaire du féodalisme*, Paris, Gallimard, 1978, p. 13.

2. *Ibid.*, p. 16.

ment les œuvres épiques des Romains, des Indiens et des Ossètes[1].

Mais ce qu'il convient surtout de noter c'est que cette organisation mentale, religieuse et sociale propose un agencement original des rapports entre un, deux et trois. Trois ordres correspondant à une hiérarchie des mérites ; deux états ou deux voies, une voie « pratique » ou canonique d'action sur le monde et une voie « théorique » ou monastique de contemplation ; une société unifiée, la société chrétienne, et un principe unique d'unification, le critère du péché et du salut. La ternarité structurelle de l'imaginaire féodal a donc pour fonction de tenir ensemble la hiérarchie et l'inégalité d'une part, la concorde et l'unité d'autre part. Et sans doute doit-on prendre cette fonction pour une propriété singulière du trois.

En effet, dans un autre cadre de recherche, Jacques Le Goff montre combien se fait jour, en certaines circonstances et devant certains enjeux, la nécessité de poser un tiers élément, un tiers lieu pour permettre à l'ensemble des représentations du salut de fonctionner dans la différence et l'harmonie. L'invention du Purgatoire entre 1150 et 1250 dans la chrétienté occidentale a pour fin de penser l'entre-deux, l'intermédiaire entre la mort individuelle et le Jugement dernier, entre le temps terrestre et le temps eschatologique, entre l'espace du Paradis et celui de l'Enfer. « Structure logique, mathématique, le concept d'intermédiaire est lié à des mutations profondes des réalités sociales et mentales du Moyen Âge. Ne plus laisser seuls face à

1. G. Dumézil, *Mythe et épopée,* t. I, II et III, Paris, Gallimard, 1968, 1971, 1973.

face les puissants et les pauvres, les clercs et les laïcs, mais chercher une catégorie médiane, classes moyennes ou tiers ordre, c'est la même démarche et elle se réfère à une société changée[1]. » L'invention du Purgatoire correspond surtout à un élargissement du pouvoir de l'intervention humaine. L'épreuve que les morts y subissent aux fins de purification peut être abrégée par les suffrages des vivants et cette croyance s'ancre dans une foi plus ancienne des premiers chrétiens sur l'efficacité de leurs prières pour les défunts. « Quel accroissement de puissance pour les vivants que cette prise sur la mort ! Mais aussi, dès ici-bas, quel renforcement de la cohésion des communautés — familles charnelles, familles artificielles, religieuses ou confraternelles — que l'extension après la mort de solidarités efficaces ! Et pour l'Église quel instrument de pouvoir ! Elle affirme son droit (partiel) sur les âmes du Purgatoire comme membres de l'Église militante, poussant en avant le *for* ecclésiastique au détriment du for de Dieu, pourtant détenteur de la justice dans l'au-delà[2]. »

L'invention du Purgatoire correspond ainsi à un élargissement de la conception du pouvoir de l'homme, mais aussi à un accroissement de la charge axiologique de la justice et de la volonté dans les entreprises humaines. En effet, d'une part l'au-delà est supposé corriger les inégalités et les injustices de cette terre, et d'autre part, « toute la vie spirituelle et morale est désormais dirigée vers la recherche de

1. J. Le Goff, *La naissance du Purgatoire*, Paris, Gallimard, 1981, p. 17.
2. *Ibid.*, p. 24.

l'intention, vers l'enquête sur le volontaire et l'involontaire, le fait sciemment et le fait par ignorance. La notion de responsabilité personnelle s'en trouve considérablement accrue et enrichie[1] ». Passent alors au premier plan les notions d'aveu, de confession et de contrition.

Une dernière question est entraînée par la naissance du Purgatoire. Après Augustin et Gratien, la sotériologie chrétienne a réparti les hommes en quatre catégories : les tout à fait bons, les tout à fait méchants, les pas tout à fait bons et les pas tout à fait méchants. Le problème qui se pose aux théologiens après l'invention du Purgatoire est de faire tenir ces quatre catégories en trois lieux. Ce changement se fait en deux phases. On change d'abord un adverbe dans les catégories augustiniennes : on ne parle plus de *tout à fait* bons ou mauvais mais de *moyennement* bons et mauvais. Puis on fusionne plus tard les deux catégories en une seule, celle des moyennement bons et mauvais que l'on nommera finalement les *moyens*.

Jacques Le Goff insiste sur la grande mutation que subit par là la chrétienté. La vraie révolution mentale ne consistait pas à faire passer de deux à quatre les catégories augustiniennes du salut mais à changer la structure binaire en structure ternaire. Au lieu des oppositions duelles traditionnelles dans le haut Moyen Âge (inférieur/supérieur, puissant/pauvre, clerc/laïc, moine/clerc...), on met en place un schéma ternaire en glissant « une catégorie *intermédiaire* entre les deux catégories extrêmes. C'est la promotion du *milieu* non pas par émergence d'une troisième catégo-

1. *Ibid.*, p. 290.

rie *après* et *en dessous* des deux premières mais entre les deux autres[1] ». Pour Le Goff, c'est sur le plan sociologique que les applications du schéma sont le plus visibles. On peut par là représenter la société de la seconde féodalité et de l'essor urbain, celle qui voit la naissance des bourgeois situés entre grands et petits. La naissance du Purgatoire est révélatrice de la « transformation de la chrétienté féodale dont une expression essentielle a été la création de schémas logiques ternaires avec introduction d'une catégorie intermédiaire[2] ».

C'est ici que s'impose la référence à la Trinité chrétienne comme image accomplie du pouvoir du trois sur le deux dans la constitution du symbolique et dans la réconciliation de l'Un et du multiple. Dès les débuts du christianisme et les premières formulations du dogme, se font jour la nécessité et la difficulté à la fois de penser l'unité divine et la pluralité de ses manifestations, et d'abord de tenir ensemble l'affirmation monothéiste et la reconnaissance christologique, la confession en un seul Dieu et la confession de la divinité du Christ. Sans entrer dans le détail des débats des premiers siècles concernant la pensée trinitaire, notons les principales lignes de fracture et les enjeux logiques qu'elles révèlent.

Les deux orientations principales de la théologie des quatre premiers siècles tendent à réduire la difficulté née de l'incarnation du Christ et de la manifestation de l'Esprit en réduisant le multiple à l'Un. Selon le modalisme, notamment de Sabellius, l'être de Dieu

1. *Ibid.*, p. 305.
2. *Ibid.*, p. 306-307.

est unique mais ses modes de manifestation dans l'économie du salut sont différents : il y a bien une trinité économique mais pas de trinité immanente, un seul Dieu et trois apparences. L'unité est sauve mais la pluralité est sacrifiée. Selon le subordinationnisme, notamment d'Arius, la monarchie du Père est sauvegardée puisque à lui seul est réservée la nature divine : le Christ n'est alors que la première et la plus parfaite des créatures. Conforme en cela à la pensée plotinienne de l'Un, premier principe, et de ses trois hypostases qui structurent le monde, cette doctrine exalte la divinité du Père aux dépens du Fils, le second étant subordonné au premier parce que inscrit dans la logique de la création du monde et non dans celle de l'éternité du Verbe[1].

On perçoit bien ici combien la difficulté que rencontrent les premiers penseurs de la Trinité chrétienne tient à la superposition d'une distinction entre Père et Fils avec la séparation entre divinité et humanité. Le maintien de l'affirmation de l'unicité divine passe le plus simplement d'abord pour les hérétiques par l'affirmation d'une distinction radicale entre l'humain et le divin, la créature et le Créateur, de telle manière que la dualité est intacte. À ce prix la Trinité n'est plus un mystère. Mais l'histoire de la rédemption change aussi de nature puisque la réalité du salut dépend de l'identité de celui qui l'apporte.

À la suite du concile de Nicée, Basile, Grégoire de Nysse et Grégoire de Nazianze s'emploient à distinguer unité de nature et unité numérique en Dieu, ou

1. J. Lebreton, *Histoire du dogme de la Trinité des origines au concile de Nicée*, t. I et II, Paris, Beauchesne, 1928.

encore l'unique nature divine et les trois hypostases[1], élaborations qui aboutissent aux dernières formulations conciliaires de Constantinople et de Chalcédoine dans lesquelles les trois hypostases sont trois présentations objectives de la divinité.

L'un des enjeux majeurs du débat trinitaire au IVe siècle concerne la nature de l'Esprit-Saint. Car si la polémique a débuté autour de la conciliation entre la génération du Fils et sa divinité, il faut bien voir qu'elle s'est résolue par l'affirmation de la plénitude divine de la troisième personne. Comme il fallait, logiquement, que le Père et le Fils fussent de même nature pour que l'humanité soit divinisée et le salut pleinement accompli, il fallait aussi que fût posé un troisième terme, de même nature encore que les deux premiers, pour que l'économie trinitaire devienne mobile, créatrice, passe de la statique de l'essence à la dynamique du vivant. Dès lors, chaque personne peut se comprendre négativement à partir des autres, principe, génération, procession, et communiquer à chaque autre, à sa manière propre, l'essence divine qu'elle exprime tout entière, éternellement. Mais ce n'est qu'avec Augustin et Thomas qu'est portée à son terme la fécondité signifiante de l'intuition trinitaire.

Pour Augustin qui achève son traité *De Trinitate* vers 422, l'essentiel est de décrire la position des trois personnes à l'intérieur de leur unique nature, de montrer que si chacune est entièrement distincte des deux autres, chacune est entièrement indistincte de la

1. R. Arnou, « Unité numérique et unité de nature chez les Pères, après le concile de Nicée », *Gregorianum*, n° 15, 1934, p. 242-254.

nature divine. Il faut en effet éviter que l'on soit conduit à placer la nature divine comme un quatrième élément distinct de chacun des trois autres ou seulement manifesté par les trois ensemble. Afin d'éclairer la foi trinitaire, Augustin va recourir à deux images inspirées de l'expérience psychologique : la première au livre neuvième, esprit-connaissance-amour, la seconde au livre dixième, mémoire-intelligence-volonté[1]. L'intérêt de ces triades, inséparables de l'âme qui les manifeste et en est mue, est de signifier l'égalité et l'unité à la fois des personnes divines par la présence de soi à soi. Dans la première image s'exprime « une vie unique, immanente en trois termes[2] », où l'esprit est la substance pensante et la connaissance son activité explicite, tandis que l'amour est le lien unissant les deux termes précédents. Dans la seconde image, c'est de la mémoire que procède l'acte d'intelligence analogue à la génération éternelle du Verbe par le Père. Déjà l'image de la Trinité se dessine ; « trois termes sont comptés dans l'âme comme des relations distinctes sans multiplier la substance où ils se trouvent[3] ». Ou, pour employer la formule suggestive de Michel Piclin, notant l'inspiration évidemment plotinienne d'Augustin : « La conscience de soi est une traversée intemporelle et non spatiale de soi par soi ; elle n'a d'autre objet que de retrouver l'unité à travers la diversité de son exil[4]. »

1. C. Boyer, « L'image de la Trinité, synthèse de la pensée augustinienne », *Gregorianum*, n° 27, 1946, p. 173-199 et p. 333-342.
2. *Ibid.*, p. 179.
3. *Ibid.*, p. 198.
4. M. Piclin, *Les philosophies de la triade*, Paris, Vrin, 1980, p. 90.

Là encore, dans la pensée d'Augustin comme dans celle des Pères cappadociens, il faut noter combien un troisième terme est indispensable pour figurer la génération du Verbe et l'économie des relations. Que le Père et le Fils soient en relation essentielle, que substance et relation soient en eux conjoints, c'est assez évident puisque leur nom même l'indique. En ce qui concerne l'Esprit-Saint, c'est toute la Trinité qui peut prendre ce nom puisque le Père, le Fils et l'Esprit-Saint sont chacun Esprit et Saint comme Dieu. Et l'Esprit en tant que tel indique d'abord une relation puisqu'il se rapporte au Père et au Fils dont il est l'esprit[1].

Thomas d'Aquin approfondit et systématise les intuitions augustiniennes sur l'économie trinitaire en leur donnant un fondement ontologique. En effet, le point sur lequel butait la théorie d'Augustin touchait à ce quelque chose de commun aux trois personnes divines qui ne pouvait être numériquement un à moins de donner trois fois la même personne et qui ne pouvait non plus être numériquement pluriel à moins de donner trois dieux ou trois essences différentes. Thomas, dans un autre contexte philosophique, résout la difficulté en abandonnant la position augustinienne selon laquelle la multiplicité en Dieu est uniquement relative et la relation une attribution dépourvue de sens substantiel. Pour lui, les personnes divines ne sont pas réductibles à des relations formelles mais elles expriment des relations réelles ou subsistantes. Chaque personne de la Trinité subsiste par elle-même et elle est pleinement identique à la nature divine et

1. I. Chevalier, « La théorie augustinienne des relations trinitaires », *Divus Thomas*, n° 18, 1940, p. 317-384.

pourtant chacune ne peut être définie que par ses relations aux autres. Ce sont bien les quatre relations constitutives de l'économie trinitaire — la paternité, la filiation, la procession et la spiration — qui permettent de distinguer les trois personnes. Au bout de cette spéculation « le Père, le Fils et l'Esprit possèdent la même nature divine, totalement, mais non de la même manière : le Père la possède en tant qu'il engendre le Fils, le Fils en tant qu'il est engendré, et l'Esprit en tant qu'il est spiré par le Père et le Fils[1] ».

La théologie trinitaire est sans doute l'élaboration la plus révélatrice de la fécondité d'un recours au schéma triadique pour échapper aux apories de la simple dualité. La pneumatologie chrétienne s'est développée à partir des difficultés logiques nées de la conciliation entre le monothéisme, c'est-à-dire l'affirmation de la suprématie de l'Un, et le dogme de l'incarnation et l'affirmation de la filiation christique, c'est-à-dire le rappel de la réalité ontologique du deux. Il est vrai que cette nécessité de recourir à un schéma triadique pour établir le principe de toute communication est, semble-t-il, vérifiable hors de la spéculation théologique, dans les mailles même de l'ordre langagier.

Tout rapport triadique s'inscrit forcément dans une matrice trinitaire qui le précède, celle de la langue naturelle. Comme l'a signalé le premier Émile Benveniste[2], l'espace symbolique et communicationnel peut

1. B. de Margerie, *La Trinité chrétienne dans l'histoire*, Paris, Bauchesne, 1975, p. 203.

2. E. Benveniste, *Problèmes de linguistique générale,* t. I et II, Paris, Gallimard, 1966 et 1974.

être entièrement défini autour du rapport entre *je*, *tu* et *il*. *Je* est qui dit « je », et n'est ni *tu* ni *il*. Les trois termes sont nécessaires pour définir le rapport langagier. La dyade *je* et *tu* est faite de places aliénables et permutables, constituée de deux signes dépourvus de référence matérielle, non soumis à la condition de vérité et échappant à la dénégation. Le moment où l'on parle se déplaçant à mesure que l'on parle, le temps de la parole est éternellement présent. Quant à la seconde dyade, elle est faite de *je-tu* d'un côté et de *il* de l'autre. *Il* est l'absent du discours, celui de l'ailleurs et de l'autre temps. La trinité naturelle est à la fois constitution du sujet, constitution de la relation, établissement d'éternité, assignation de l'absence. Mais sans doute n'est-il pas suffisant de considérer à la suite de Benveniste la relation interlocutive nouée dans le triangle *je-tu-il* comme un ensemble de deux relations dyadiques. Des logiciens tels que Tarski et Russell font valoir « qu'une relation authentiquement triadique ne peut être construite comme un complexe formé à partir de relations dyadiques », ou encore « qu'il est impossible d'effectuer une réduction formelle d'une relation triadique en termes de relation dyadique, même si l'opération inverse est toujours possible[1] ». La relation triadique est inassimilable, même par réductions successives, aux relations dyadiques et elle présente une labilité et une instabilité inassimilables à ces dernières.

1. A. Tarski, « On the Calculus of Relations », *Journal of Symbolic Logic*, 6 (1941), et B. Russell, *Logic and Knowledge*, Londres, G. Allen and Unwin, 1956. Cités par F. Jacques, *Différence et subjectivité*, Paris, Aubier-Montaigne, 1982, p. 56.

Si le trois ne peut ainsi être déduit du deux, on peut à l'inverse se demander si l'accès à l'Un ne passe pas plutôt par le trois que par le deux. Ainsi, l'acte de naissance du sujet parlant comprend trois temps : « le temps réflexif du *je*, le temps duel de la dyade *je-tu* et le temps trinitaire de la triade *je-tu-il*. D'un temps à l'autre, un ordre est construit, requérant trois exigences : dès le temps unaire du *je*, il faut au sujet un *autre* pour qu'ensemble ils s'échangent dans l'intermittence le droit à l'usage de l'opérateur unaire, et il faut au sujet et à cet autre, un autre autre, un *Autre* encore, figurant et assignant l'absence hors de leur champ pour qu'elle ne contamine pas l'intérieur même de leur coprésence[1] ». La genèse des sujets parlants ne peut donc s'accomplir qu'en intégrant une place qui est hors de la langue et l'accès à l'Un ne passe pas par le deux mais par le trois. Sans doute parce que gît dans le trois un principe de réconciliation qui fait défaut à la séparation duelle.

Les réflexions théologique, historique et sociologique convergent pour nous révéler la fécondité du schéma ternaire quant à l'établissement du lien social, la conjonction de la hiérarchie et de la concorde, la tenue par là d'une liaison entre les parties et le tout que la relation binaire est, semble-t-il, dans l'incapacité formelle d'assumer. Sans doute parce qu'il existe, en deçà de l'organisation sociale mais déployées par elle, une liaison naturelle entre l'ordre unaire et l'ordre trinitaire et une opposition non moins naturelle entre ces deux ordres d'une part et celui de la dualité d'autre part.

1. D.-R. Dufour, *Les mystères de la trinité*, Paris, Gallimard, 1990, p. 96-97.

Les déplacements auxquels nous venons de procéder permettent, nous semble-t-il, d'éclairer ce qui apparaît comme la question centrale de la politique, c'est-à-dire le traitement de la pluralité. Nous avons vu comment la réflexion philosophique trouve très vite dans le recours à la notion de totalité une issue à l'aporie de l'Un et du multiple. Seule la notion de totalité apparaît susceptible de conférer un sens à l'éclatement pluriel du réel et d'engager dans un même mouvement l'ordonnance intellectuelle et l'organisation sociale. L'Un, désirable et inaccessible, se mue en un tout, construit et saisissable. Le multiple perd son caractère de foisonnement rebelle à toute compréhension et à toute contention. Une construction arbitraire vient ranger chaque élément disparate dans une totalité pourvoyeuse d'ordre et de sens. Avec l'empire de la totalité, c'est aussitôt la passion du vrai et la force du volontaire qui font irruption dans la réflexion sur les rapports entre le sujet pensant et l'objet de sa connaissance. Mais aussi, bien évidemment, sur les rapports entre l'individu et ses semblables. Quelle que soit la rapidité de cette notation, un lien unit certainement la promotion de l'individu compris d'abord comme sujet membre d'une totalité sensée, mû par la force de la volonté et de la vérité, et le triomphe d'un ordre collectif dans lequel toute singularité n'est à jamais saisie que par l'extérieur et potentiellement abolie par là.

C'est donc paradoxalement le passage que nous avons décrit de la recherche de l'unité à la découverte de la totalité qui permet de penser le multiple et d'envisager le pluralisme. Le pluralisme n'est concevable que dans un cadre ordonné et sensé permettant de supposer une légitimité à chaque position singulière. C'est pourquoi, dans l'ordre politique, l'invention totalitaire ne doit pas être conçue seulement comme l'aboutissement monstrueux d'une critique de la représentation et d'une imposition autoritaire de la vérité sur l'autonomie de l'opinion, mais aussi comme le fruit de l'inévitable emprise de la totalité sur l'expression de chaque singularité, de la primauté du tout sur la liberté de la partie, de la prééminence de l'absolu sur la saisie du relatif.

C'est bien ce déplacement de la recherche de l'unité à l'emprise de la totalité qui permet de comprendre qu'ensuite, chaque partie de ce tout supposé puisse être conduite à se concevoir sous une forme unifiée et à se dire préfiguration singulière de la totalité. L'enseignement est trop clair en ce qui concerne l'acceptation du pluralisme partisan. La clôture de l'organisation et sa dérive dans la poursuite de fins endogènes ne sont pas à mettre au passif de volontés dévoyées, mais plutôt à cette impossibilité naturelle de comprendre le pluralisme indépendamment d'un critère de vérité et de concevoir la société future hors de l'incarnation actuelle des rapports de pouvoir promus par l'organisation, pourtant elle-même seulement identifiable dans sa différence avec les autres membres de la compétition politique.

Si les réflexions sur le passage entre l'Un et le tout éclairent la difficulté de la politique à penser le pluralisme, notamment partisan, celles qui concernent les rapports de l'unicité et de l'unité éclairent la question du statut incertain de l'individu en démocratie. Dans leur réplique à l'empire de la totalité, les philosophies de l'unique posent l'irréductibilité absolue de chaque singularité. Mais, dans ce cadre, la question de l'échange social et de l'association politique ne trouve guère de réponse. On est renvoyé le plus souvent à la démarche religieuse qui installe la quête d'altérité dans l'échange mystique d'unique à unique et borne la socialité à la dialectique de l'Autre et du Même. Ou bien l'on retrouve sous la figure de l'organicité une conception du collectif qui, dans le silence de l'opinion et l'absence du contrat, ramène finalement, par la logique de l'incorporation, à une nouvelle emprise de la totalité.

C'est ici que se décèle la difficulté de la pensée démocratique à concevoir pleinement le statut de l'individu. Car, dans les conventions de la démocratie, ce n'est pas l'individu qui trouve sa place, pleinement reconnu dans toutes ses déterminations et ses inscriptions sociales, mais le citoyen, c'est-à-dire un sujet abstrait et convenu, défini par sa capacité à exprimer une opinion claire et distincte, conçu comme membre d'un espace public dans lequel ne doit s'exercer que la Raison tendue vers l'universalité. Dans cette logique, l'individu n'est jamais représentable politiquement. S'il accède à l'existence collective, c'est dans un lien religieux où s'imposent la logique du corps et la primauté du tout. Les philosophies de l'unique nous alertent ainsi sur l'impossibilité radicale de représenter le sujet singulier et sur la difficulté pour celui-ci d'exprimer sa propre vérité hors de l'abstraction de la citoyenneté et hors du cadre défini par le tribunal de l'universel.

Enfin, les considérations sur la différence entre

l'ordre binaire et l'ordre ternaire nous permettent de saisir les modalités et les implications d'une pensée de la médiation qui est au centre des conceptions modernes du pouvoir. On a compris combien le tiers est ce qui vient introduire la discontinuité dans l'ordre duel mais aussi ce qui permet l'entrée dans le social et le politique puisque avec lui apparaît la possibilité du conflit et de sa neutralisation, le maintien aussi dans un même processus des rapports de hiérarchie, d'égalité et de concorde. La pensée trinitaire est une pensée de l'intermédiaire et de la médiation. C'est finalement le recours à l'organisation trinitaire qui permet de retrouver l'unité perdue dans l'opposition duelle. C'est par l'assomption de l'économie trinitaire que l'ordre unaire est retrouvé et sauvé.

Mais le plus important pour notre propos est cette découverte que nous a permis de faire l'examen du dogme chrétien selon laquelle le tiers n'est jamais à lui-même son propre référent. Seule la troisième personne de la Trinité donne aux deux premières de ne faire qu'un. Mais cette troisième personne ne trouve sa fondation que dans les rapports qu'elle ouvre entre les deux autres. Dans cette économie trinitaire, c'est par la relation que chaque élément accède à l'unicité. Et le tiers qui donne accès à l'unicité ne peut jamais être à lui-même sa propre référence.

La politique moderne est fondamentalement une pensée de la dualité et de la séparation. Individu et citoyen, société et État, voilà les principaux termes de la dynamique politique instaurée par la sortie de l'Ancien Régime. Mais, bien évidemment, ces termes séparés ne peuvent entrer dans le procès politique en l'absence de procédures de relais et de transaction. La politique moderne, qui est une pensée de la séparation, est aussi une pensée de la médiation. On comprend ainsi la logique trinitaire qui se cache derrière cette pensée de la dualité, l'importance de la médiation qui accompagne toute séparation. C'est le parti politique qui, dans cette économie, tient la place du tiers médiateur entre société et État comme entre individu et citoyen. Mais, comme dans toute relation trinitaire, ce tiers n'a pas d'existence propre, de statut autonome. Le parti est sans autoréférence, d'où sa place à la fois centrale et incertaine. Centrale dans la dynamique des relations, incertaine dans la statique des positions. Et lorsque le parti retrouve un statut pleinement légitime, lorsque la pensée des rapports politiques s'organise complètement autour de lui, c'est dans la conception léniniste où précisément la logique de la représentation a disparu, la séparation entre société et État a été niée, la différence entre individu et citoyen refoulée. La parti réapparaît au centre du dispositif politique dans la logique unaire, dans le dépassement de la division duelle. Sous la figure de l'unité et de l'unicité complètes.

TROISIÈME PARTIE

Relire : la démocratie

En déplaçant les lieux du questionnement, la lecture que l'on vient d'opérer permet de retrouver une plus juste mesure de la signification historique et sociologique du parti politique. Modalité d'expression de la pluralité en démocratie, le parti offre aussi l'exemple le plus accompli de la difficulté à penser la division ; forme obligée d'agrégation des opinions et des intérêts, il pose la question de la représentation du citoyen, de la médiation entre la sphère du privé et celle du public ; instance d'intégration de l'individu à la société, il apparaît enfin comme une manifestation originale d'un mode de sociabilité communautaire dans une société individualiste. Déjà présentes dans la littérature classique sur les partis politiques, ces trois affirmations ont rarement été articulées dans un modèle cohérent, global, propre à traduire le caractère exemplaire du parti. Largement élaborée dans les cercles de la philosophie et de la théorie politiques, la réflexion sur le pluralisme a précédé l'analyse sociologique de la représentation du citoyen ; elle privilégie le débat d'idées dans lequel la sociologie ne voit le plus souvent qu'un masque dérisoire et transparent des luttes de position. En somme, la réflexion sur les partis n'est jamais parvenue à nouer l'idée et le fait. Le philosophe travaille d'abord sur l'inégale aptitude des idées à assurer l'exigence première de l'unité, le sociologue sur les rapports entre représentants et représentés, sur la division radicale du travail politique, sur la captation du pouvoir.

Il n'est pas facile dans ces conditions de rapprocher les problématiques et de confronter les approches. Il est partout question de séparation — entre les citoyens, entre l'homme politique et le citoyen, entre le public et le privé —, et partout cette réflexion est habitée par des jugements de valeur qui justifient les condamnations les plus catégoriques d'une institution, le parti, qui divise artificiellement ce que le politique justement doit réunir. Mais ici comme dans les autres objets, résiste la ligne de partage entre la philosophie qui aspire à saisir le tout et les sciences positives qui s'attachent à la connaissance de la partie. La première rapporte le politique à la société, les secondes soulignent l'opacité des frontières ; la première aspire à reconstituer l'unité du politique, les secondes se bornent à en signaler la vanité.

Pour l'objet qui nous occupe, le déplacement est doublement important. Inscrit dans la cité, le philosophe classique se voulait citoyen attaché à la concorde entre les individus, il était d'abord occupé par l'exigence d'unité politique : il n'ignorait pas que la communauté était partagée entre des groupes et des factions, il s'interrogeait sur la meilleure forme de gouvernement, mais cette question n'était pas soutenue de manière centrale par la problématique contemporaine de la division entre l'homme politique et le citoyen. La philosophie accomplie était politique comme l'homme accompli était citoyen. En ce sens, on peut dire que la question du pluralisme se posait dans sa forme la plus pure : le philosophe traquait les ferments de division qui menaçaient l'identité de la cité sans introduire dans sa réflexion des présupposés extérieurs à son objet ; la faction ou le parti rejeté, c'était d'abord, seulement, l'hommage rendu au tout. C'est cette approche que la pensée moderne a modifiée. Donnant le pas à la méthode au point de se faire théorie politique attachée à comprendre et décrire plutôt qu'à conduire et réformer, elle a introduit plus clairement dans son interrogation l'autre forme de la division, celle entre le citoyen et son représentant.

Évidemment facilité par le développement des institutions représentatives et l'effacement des formes de démocratie directe, ce déplacement a introduit dans la pensée spéculative une nouvelle compréhension de l'altérité : au moment même où s'affirmait avec le libéralisme une séparation des sphères publique et privée, s'imposait une autre problématique plus insidieuse de la captation du politique par les représentants. Clairement exprimée par Rousseau et, dans son prolongement, par le jacobinisme, cette réflexion sur la division substituait à la question de l'union celle de l'exclusion : il ne suffisait plus d'aller de concert, il fallait maintenant réduire l'Autre, coupable de trahir la juste expression du peuple. Le rapport de l'opinion à la vérité prenait un autre sens.

C'est par ce déplacement qu'une partie de la pensée moderne a rencontré la problématique centrale de la sociologie et de la science politique. Le parti n'était plus seulement le ferment de division que la philosophie politique avait toujours eu du mal à concevoir, il était bien plus : l'expression la plus notable du caractère pervers de la démocratie représentative, l'objet idéal d'analyse du sens et des limites de l'Un.

De cette double novation introduite par la modernité — une nouvelle conception de la concorde, une priorité donnée à la division des fonctions politiques —, toutes les familles hormis le libéralisme ont donné leur interprétation, nourrissant chacune à leur manière les hypothèses dominantes de la sociologie. Désormais, la question des partis politiques prenait une autre dimension, non plus seulement reprise de la classique interrogation sur l'Un et le multiple, mais de manière plus spécifique mais aussi plus radicale, objet d'expérimentation des apories de la démocratie représentative, réflexion sur les modalités d'expression du lien politique et social, sur la considération de l'opinion en démocratie.

Chapitre VI

PENSER LE PLURALISME

À confronter les positions sur les partis politiques, le déséquilibre apparaît flagrant. D'un côté, l'ensemble nourri, apparemment très hétéroclite, des jugements sceptiques, négatifs, de l'autre, les approches, plus rares, qui nouent les liens entre le parti et la démocratie, font de l'un le ressort de l'autre. Comment comprendre ces différences d'analyses ? Une explication instrumentale, institutionnelle, soulignera les dysfonctionnements de l'organisation, son inadéquation à la démocratie. Elle notera que le refus du parti peut aller de pair avec une défense du pluralisme et l'élaboration de propositions alternatives. Une explication philosophique retrouvera au contraire l'aporie de la démocratie, la contradiction qui, à sa source, interdit d'en penser la dimension pluraliste.

Les deux approches, comme on l'a déjà noté, ne sont pourtant pas sans liens. L'explication instrumentale est ainsi soutenue, dans les textes les plus célèbres de sociologie, par une interrogation sceptique sur le pluralisme : c'est après avoir développé une longue analyse, précise, argumentée, sur les mécanismes de fonctionnement du *caucus* qu'Ostrogorski propose de substituer aux « partis omnibus » des organisations *ad hoc* qui ne représentent plus des intérêts sociaux permanents. Ici, la multiplication des instances de médiation repose sur une conception originale de l'unité politique où la prise en compte des formes d'opinion les plus diverses assure une juste expression de la volonté générale. De même, c'est sur une lecture incarnative de la société civile que Roberto Michels appuie son observation du parti social-démocrate allemand et élabore sa « loi » d'airain de l'oligarchie. Dans ces deux exemples, se mêlent les considérations sur le pluralisme idéologique et sur la structure sociale : il n'y a pas de bonne expression du social dans un système partisan qui fige les opinions, souligne Ostrogorski ; il n'y a pas de juste représentation des intérêts dans un système qui consacre la division des fonctions politiques, considère Michels.

Il est ainsi difficile de dissocier radicalement les modèles de pluralisme que Pierre Rosanvallon a distingués[1] : le pluralisme constitutionnel qui consacre la diversité des fonctions, le pluralisme idéologique qui exprime l'hétérogénéité des opinions, le pluralisme sociologique qui reflète la complexité de la structure sociale. Il est encore plus contestable de privilégier, comme le fait encore P. Rosanvallon, l'analyse institutionnelle des partis politiques. Celle-ci n'est jamais pure, détachée des présupposés idéologiques. Qu'il soit rejeté pour son incapacité à unifier les nuances de

1. P. Rosanvallon, préface à P. Pombeni, *Introduction à l'histoire des partis politiques*, Paris, PUF, 1992, p. XII-XIII.

l'opinion, à « faire un corps avec une âme » (Ostrogorski), jugé dans son rôle de médiation (Michels), ou même apprécié à l'aune de l'organisation de masse (Duverger), le parti est toujours saisi dans sa fonction d'expression des opinions. La diversité et la contradiction des arguments utilisés le confirment : tantôt analysé comme instrument de division d'un politique unifié, tantôt compris comme négation de la pluralité du politique, le parti est dans tous les cas placé aux origines d'une question qui pourtant le dépasse. Il est l'impensé de la démocratie parce que le pluralisme lui-même est l'impensé du politique.

La division comme impensé du politique

Si l'on veut bien voir dans le politique le lieu d'accomplissement de l'unité par opposition au social marqué par la diversité des conditions et des intérêts, il reste à comprendre comment cette fonction de rassemblement et de réduction des antagonismes peut s'accorder avec l'exercice d'une libre concurrence des idées et des représentations. Le consensus est-il le préalable de la démocratie ou n'est-il que le produit du fonctionnement du régime ? Et dans ce processus, comment le parti qui, dans son nom même, suggère la division peut-il contribuer à une réduction des antagonismes ? Il y a dans cette dissociation du nom et de la fonction revendiquée un signe qui renvoie au fondement même du politique. Entre le soupçon de la division et celui de l'intolérance, le parti est enfermé dans le mécanisme de la dénégation qui laisse peu de place à l'affirmation de sa légitimité.

Dans un espace défini par des frontières politiques, l'Autre, l'opposant, le dissident doit toujours répondre à l'argument de l'unité intérieure. Les Anciens eux-mêmes, qui ne nourrissaient pourtant pas leurs controverses de débats sur les relations extérieures, le comprenaient ainsi : le citoyen rejeté, l'oligarque condamné étaient renvoyés du côté de l'ennemi. C'est ce qu'exprimait l'interdiction de voter appliquée au citoyen établi à proximité de la frontière lorsque se manifestait un risque de guerre avec la cité voisine. C'est aussi ce que signifiaient les deux sens donnés au *demos*, celui de peuple dans sa totalité, celui de peuple débarrassé de ses branches mortes pour intelligence avec l'adversaire[1].

Cette question, la politique moderne l'a affrontée dans des termes plus difficiles dans la mesure où elle a dû répondre à deux exigences en partie contradictoires. Sous la pression du libéralisme, elle a introduit une réflexion nouvelle sur les modalités d'expression des différences et sur la reconnaissance de l'altérité. Mais avec l'affirmation de la souveraineté de l'État, elle a, à l'inverse, fondé avec encore plus de force l'exigence d'unité politique. Immuable dans ses données, le jeu entre la partie et le tout a dû composer avec des contraintes mal accordées à la reconnaissance du pluralisme.

L'unité bien sûr n'est pas dans ce cadre exclusive de la compétition. L'homme est, comme le montre

1. Cette même distinction se retrouve à Rome où l'on parle de *plebs* et de *populus*. Elle est aussi présente à Florence où, comme le rappelle Machiavel, on oppose le petit peuple au peuple dans son ensemble.

Machiavel[1], sujet de désir, déchiré entre la tentation et le refus de l'oppression ; la société est en permanence traversée par l'opposition des classes qui donne son sens à la politique, est source de troubles puisque l'avidité des grands se heurte à la convoitise du peuple ; social dans son fondement, le politique tolère l'expression de la division. L'art du prince consiste plutôt à apprécier les désirs et les passions, à figurer la société[2]. En ce sens, l'affirmation de la souveraineté ne postule pas l'intolérance. Conçu comme substitut à l'idée de raison, le pouvoir du souverain peut même, comme chez Hobbes, assurer la libre confrontation des opinions : puisque les hommes sont également raisonnables, puisque la droite raison n'existe pas, celle du Léviathan doit en tenir lieu[3].

Mais avec l'affirmation de l'État, la notion de souveraineté a bien pris un sens plus exclusif, plus catégorique que celui énoncé par les Anciens[4]. Elle n'appelle

1. Dans une lecture areligieuse du bien public, Machiavel libère la légitimité étatique de ses présupposés transcendants et, même s'il ne pose pas pour autant de contrariété foncière entre la vertu individuelle et la vertu collective, entre la lutte des intérêts particuliers et le bon usage par l'État de ces divisions pour le bien de chaque citoyen, il inaugure une conception de la politique dans laquelle l'harmonie entre l'intérêt particulier et l'intérêt général est le fruit d'une recherche volontaire et d'un artifice contractuel.

2. Leo Strauss parle d'une pensée de l'indivision plutôt que de la division. L. Strauss, *Pensées sur Machiavel*, trad. fr., Paris, Payot, 1982, p. 28 (1re éd. 1958). On retrouvera en conclusion l'interprétation que donne de ce point Claude Lefort dans *Le travail de l'œuvre. Machiavel*, Paris, Gallimard, 1972, p. 728-733.

3. Cf. L. Strauss, *La philosophie politique de Hobbes*, trad. fr., Paris, Belin, 1991, p. 224-229 (1re éd. 1936).

4. S'éloignant d'Aristote, Bodin distingue la forme de gouvernement de « l'estat de la republique », du pouvoir de la puissance : « J'ai dit que cette puissance est perpétuelle parce qu'on donne

pas seulement une séparation radicale entre l'ordre de l'État gouverné par le principe de l'Un et l'ordre de la société régulé par le conflit des intérêts, elle suppose aussi une soumission du multiple à la puissance qui, d'une seule voix, assure l'intégrité et la pérennité du territoire. La souveraineté ne connaît pas de volonté supérieure. Indivisible et absolue, elle est aussi laïque — le pouvoir trouve en lui-même son propre principe — et totale — elle ne tolère l'affirmation séparée d'aucune fraction particulière de la société. Elle exige à la fois l'autonomie vis-à-vis des autorités spirituelles et la prédominance du tout sur la partie ; dans sa forme accomplie, elle ne peut reposer que sur une unité commune, le citoyen qui ignore la diversité des intérêts et des situations que connaît l'individu dans la société civile [1].

---

puissance absolue à un, ou à plusieurs, à certain temps, lequel expiré, ils ne sont plus rien que sujets » (J. Bodin, *Les Six Livres de la République*. Cité par G. Mairet, *L'État moderne entre Machiavel, Shakespeare et Gorbatchev,* Paris, éd. du Félin, 1991, p. 244). Il faut d'ailleurs rappeler que, plus que par la question de la souveraineté, la philosophie politique classique était d'abord intéressée par le problème de la juste proportion entre égalité et inégalité.

1. Cf. sur ce point L. Jaume, « Citoyenneté et souveraineté : le poids de l'absolutisme », in K. M. Baker, éd., *The Political Culture of the Old Regime*, Oxford, Pergamon Press, 1987, p. 515-553. Pufendorf, que rejoint sur ce point Rousseau, souligne bien que le tout de la souveraineté ne peut laisser subsister séparément les éléments : « Quoique la Souveraineté soit en elle-même quelque chose de simple et d'indivisible : cependant, comme elle s'exerce par différents actes distincts, selon les différents moyens qu'il faut nécessairement mettre en usage pour la conservation de l'État ; on y conçoit diverses Parties, qui ont quelque rapport avec ce que l'on appelle *Parties potentielles.* Car ce n'est pas un Tout composé de parties de différente nature, qui, quoique jointes ensemble, puissent

Le peuple, comme le dit Hobbes, n'est qu'une multitude à laquelle le souverain donne une forme unitaire[1]. Il faut une seule volonté de tous et cet accord exige la soumission par le particulier de sa volonté propre. La société civile, c'est-à-dire pour Hobbes l'État, est comme une personne dont la volonté soude la multitude : « Une multitude d'hommes devient une *seule* personne quand ces hommes sont représentés par un seul homme ou une seule personne, de telle sorte que cela se fasse avec le consentement de chaque individu singulier de cette multitude. Car c'est l'*unité* de celui qui représente, non l'unité du représenté, qui rend *une* la personne. Et c'est celui qui représente qui assume la personnalité. Et il n'en assume qu'une seule. On ne saurait concevoir l'unité dans une multitude, sous une autre forme[2].» Malgré son attachement au régime monarchique, Hobbes n'attribue pas une importance décisive à la figuration de la souveraineté : la référence au souverain a pour lui une valeur abstraite et celui-ci peut aussi bien s'incarner dans un individu que dans une assemblée, dans la personne du roi que dans le pouvoir de la république[3]. Mais,

exister séparément » (Pufendorf, *Droit de la nature et des gens*, cité par R. Derathé, *Jean-Jacques Rousseau et la science politique de son temps*, Paris, PUF, 1950, p. 281-282).

1. « Une multitude d'hommes devient une seule personne quand des hommes sont représentés par un seul homme ou par une seule personne, de telle sorte que cela se fasse sans le consentement de chaque individu singulier de cette multitude. Car c'est l'unité de celui qui représente, non celui du représenté, qui rend une la personne » (T. Hobbes, *De Cive ou les fondements de la politique*, trad. fr., Sirey, 1981, p. 140-141).

2. T. Hobbes, *Léviathan*, trad. fr., Paris, Sirey, 1971, p. 166.

3. F. Lessay, *Souveraineté et légitimité chez Hobbes*, Paris, PUF, 1988, p. 129.

quelle que soit la nature du régime, les individus ont besoin d'une autorité qui régule les passions — la partialité, l'orgueil, la vengeance — et protège les hommes des conflits sans fin de l'état de nature. Parlant du peuple comme multitude, Hobbes le distingue soigneusement de cette autre multitude qui, ne connaissant pas d'ordre, « est comme une hydre à cent têtes ».

La métaphore fait évidemment penser à la distinction opérée par Rousseau entre la volonté générale, où se fondent et se reconnaissent l'ensemble des individus, et la volonté de tous qui, dans la simple addition des parties, trahit la résistance des égoïsmes et des intérêts privés. Être de besoin, l'individu est renvoyé à sa condition solitaire ; être de passion, il est membre du corps social où l'unité s'impose contre l'intérêt. Il ne peut y avoir dans ces conditions d'union négociée au compromis : l'union fondée sur le calcul de l'intérêt — fût-il commun — est contrainte ; l'union totale où les âmes s'accordent lève l'obligation et l'obéissance forcée[1].

C'est chez Rousseau que l'étrangeté est posée comme la plus radicale entre le particulier et le général. L'amour propre est ce qui oppose les hommes les uns aux autres et les empêche d'édifier l'ordre social. L'entrecroisement des intérêts particuliers est à l'origine à la fois de l'entrée des hommes en dépendance mutuelle et de leur affrontement dans des conflits sans fin. Voilà pourquoi l'intérêt commun ne peut pas être

1. Cf. sur ce point P. Manent, *Naissances de la politique moderne. Machiavel — Hobbes — Rousseau*, Paris, Payot, 1977, p. 156-157 et p. 168-169.

la simple résultante de la diversité des intérêts particuliers mais ce qui les transcende en tant qu'objet de la volonté générale. Cette volonté du corps politique donnée comme totalité est le résultat d'une union dans laquelle chaque individu est déjà conçu comme totalité. Par là, le général s'oppose au particulier : dans la volonté qui en chacun se différencie de l'intérêt, dans l'intérêt qui pour tous devient l'objet de la loi. Ce que Rousseau nomme volonté générale est la réalisation d'une union des diversités particulières dans un ordre commun et nouveau qui ressortit au public, qui inscrit les logiques particulières dans une manifestation publique où, dès lors, c'est la recherche de l'union qui leur donne consistance et raison.

Sans entrer dans le débat sur le caractère totalitaire de la pensée de Rousseau, on notera ce qui la rend plus radicale, dans son analyse des corps intermédiaires, que celle de Hobbes. Quand celle-ci suppose un contrat entre chacune des parties, celle-là envisage un contrat de chacun avec le tout du corps social et politique. Nulle place chez Rousseau pour les relations directes entre les futurs citoyens ; le citoyen est directement relié à l'État : « La volonté est générale, ou elle ne l'est pas ; elle est celle du corps du peuple, ou seulement d'une partie. Dans le premier cas cette volonté déclarée est un acte de souveraineté et fait loi. Dans le second, ce n'est qu'une volonté particulière, ou un acte de magistrature, c'est un décret tout au plus[1]. » Ici, comme le souligne Pierre Manent[2], c'est

1. J.-J. Rousseau, *Du contrat social*, *in Œuvres complètes*, Paris, Gallimard, La Pléiade, 1964, p. 369.

2. P. Manent, *Naissances de la politique moderne. Machiavel — Hobbes — Rousseau*, *op. cit.*, p. 193-195.

le rapport même entre intérieur et extérieur qui se trouve recomposé. Il ne peut y avoir de point de vue individuel sur la cité puisque l'individu a tout dit, en amont du contrat social, au moment où il était encore extérieur à cette dernière. Désormais partie de la société, il est une composante de la volonté générale qu'il se borne à répéter. Se plie-t-il à cette volonté, il est à l'intérieur ; s'y soustrait-il, il est rejeté à l'extérieur.

Tout entières construites sur l'opposition du tout et du particulier, les conceptions unitaires assurent avec beaucoup plus de force que ne peut le faire le libéralisme l'exigence de souveraineté[1]. Distincte de la société civile, la société politique n'a pas pour les libéraux la place que lui attribuent les pensées de l'État. Est-elle comme on le dit parfois seconde, secondaire ? Plutôt dérivée puisqu'elle ne produit pas ses propres matériaux, se borne à retravailler ceux que produit la société civile. Dans l'interprétation la plus stricte, simple scribe de la société, elle n'a pas de majesté propre. On peut bien dire qu'elle forme un couple avec la société civile, parler d'amants[2], son identité s'écrit bien au féminin : elle est société plutôt qu'État.

1. Guizot distingue ainsi deux grandes théories de la souveraineté : l'une qui la place dans une force réelle — le peuple, le monarque —, l'autre qui refuse de l'attribuer aux forces terrestres, incapables de savoir et de vouloir constamment la vérité, la raison et la justice qui sont à sa source. La première théorie fonde le pouvoir absolu, la seconde combat ce pouvoir sous toutes ses formes (F. Guizot, *Histoire des origines du gouvernement représentatif en Europe*, Paris, Didier, t. I, 1851, p. 12-13).

2. P. Manent, *Les libéraux*, Paris, Hachette, 1986, t. I, p. 37.

Carl Schmitt, qui a donné l'une des critiques les plus radicales du libéralisme, a noté qu'il s'agissait là en quelque sorte d'une problématique de l'emprunt[1]. La conception libérale est dans son principe pluraliste ; pour elle, la société politique n'a pas de centre unique, elle prend ses thèmes ailleurs ; serviteur ou simple appendice des autres sociétés, elle n'a pas de substance propre. Le libéralisme ignore le fondement original, moniste qu'une théorie de l'État trouve dans le politique, maître de ses décisions, qui impose sa volonté dans les cas décisifs. Il ignore l'unité politique comme unité déterminante.

Il faut pourtant convenir que les métaphores sont trompeuses. On peut bien utiliser le vocabulaire amoureux — les amants — ou le vocabulaire financier — l'emprunt —, il n'est pas aisé de traduire la manière dont le libéralisme apprécie la question de l'unité du politique. Nécessairement imparfaite, puisqu'elle part des individus, des parties pour accéder à l'ensemble, sa pensée du tout apparaît plus comme une infirmité épistémologique que pratique. L'identité naturelle des intérêts, l'harmonie spontanée des égoïsmes suffit à expliquer le mécanisme de l'échange ; elle ne suppose pas une coopération réfléchie. Dans l'échange, l'individu ne connaît pas la bienveillance, il persuade en sollicitant l'égoïsme de l'autre. Comme le dit Élie Halévy, « dans la mesure où les hommes s'entendent pour accomplir en commun des actes identiques, il y a constamment divergence entre les intérêts particuliers et l'intérêt

1. C. Schmitt, *La notion de politique*, trad. fr., Paris, Calmann-Lévy, 1972, p. 84-85 (1re éd. 1932-1962).

général. Dans la mesure où les hommes accomplissent, chacun en particulier dans son intérêt propre, des actes différents, l'identité des intérêts particuliers est absolue[1] ». Là tient la philosophie libérale des corps intermédiaires. Adam Smith, qui n'est pas un démocrate, condamne ainsi les « factions âpres et virulentes » de la république américaine. Whig engagé, il peut à la limite concevoir une identification artificielle des intérêts, remettre à l'État des fonctions spécifiques que l'échange des égoïsmes ne suffit pas à accomplir, mais il ne parvient pas à justifier l'association volontaire et consciente des intérêts particuliers par définition contradictoire avec l'harmonie naturelle de ces mêmes intérêts.

De semblables réticences s'expriment chez John Stuart Mill pourtant clairement attaché à une expression des minorités. Mill corrige fortement la théorie des pères fondateurs, il dissocie l'intérêt égoïste de l'intérêt commun, note la propension des individus à préférer leurs avantages immédiats et directs aux bienfaits indirects et à long terme. Exacerbée par la possession du pouvoir, cette tendance peut être corrigée au sein du Parlement. Entre les intérêts personnels, celui-ci préserve un équilibre tel que « chacun d'eux, pour l'emporter, soit contraint de rallier une grande partie de ceux qui agissent selon des mobiles plus hauts et des vues plus étendues en dimension et en portée[2] », tel que le profit immédiat de la classe

1. É. Halévy, *La jeunesse de Bentham*, Paris, Alcan, 1901, p. 165.

2. J. S. Mill, *Considérations sur le gouvernement représentatif*, trad. fr., Paris, Éditions internationales, 1966, p. 46.

dominante ne s'impose pas au détriment de l'intérêt général. Ce dernier ne s'affirme pas dans cette logique aux dépens des parties ; chacun doit trouver au Parlement la représentation de ses opinions. Sous quelle forme ? J. S. Mill ne le dit que dans les termes institutionnels et juridiques de la représentation des minorités. Pourtant familier et acteur du régime anglais, il ignore les partis pour ne retenir que l'opposition essentielle des pauvres et des riches et les risques d'expression des intérêts sinistres. Dans un schéma où l'harmonie n'est plus le simple produit de la rencontre des logiques particulières, tout se passe comme si la représentation politique des demandes sociales devenait l'obstacle à la juste affirmation de l'intérêt général. A. Smith ne faisait pas de place aux rassemblements qui contrarient la libre rencontre des égoïsmes, J. S. Mill corrige la perspective, introduit la distinction entre les intérêts positifs et négatifs pour réduire les obstacles à l'opinion commune, mais il ne consacre pas le statut du parti politique.

Avec le libéralisme la dialectique du particulier et du général perd ainsi apparemment son caractère de tension tragique dont la seule issue résidait dans la reconnaissance d'une transcendance inhérente à la totalité. Dépassant l'individualisme pur qui l'animait au départ, la pensée libérale parvient à restaurer l'harmonie entre la raison particulière et l'ordre public. Il faut pour Stuart Mill poser une distinction nouvelle : la société est à la fois somme d'individus et réalité supérieure à chacun d'eux ; l'individu est à la fois mû par son égoïsme et animé d'altruisme. Il s'agit pour Constant de proposer une autre issue : l'intérêt général ne sera pas contraire aux intérêts particuliers s'il n'est composé que de ces derniers, s'il ne résulte que de leur combinaison, s'il est issu de leur transaction. C'est bien cette conception transactionnelle de l'intérêt général qui permet au libéralisme de résoudre l'ancienne aporie en ne recourant pas à une définition extrinsèque ou transcendante de l'ordre commun et en ne renonçant pas non plus à la découverte d'un ordre nouveau irréductible à la somme des particularismes précédents[1].

On retrouve dans la manière dont le libéralisme parvient à concevoir l'intérêt général comme résultat de la délibération et de la transaction cette primauté du tout dont on avait noté précédemment l'apparition involontaire à l'issue des démarches philosophiques reposant pourtant sur l'affirmation de la souveraineté de l'individu et de l'autonomie de sa raison. Dans ces réflexions de la pensée politique moderne sur le lien interindividuel et la construction du social, la recherche de la totalité n'est jamais première et le primat de l'Un jamais entièrement affirmé sur le multiple. Aucune construction extrinsèque de l'unité sociale ne précède l'entrée en association et l'expression de chaque intérêt individuel. Pourtant, de la même manière que la totalité réapparaissait comme forme *a priori* de la connaissance dans la clôture kantienne de la numération après l'unité et la pluralité, de même dans la conception de la loi comme issue de la délibération, comme fruit de l'échange volontaire entre individus semblables selon la raison

1. Cf. sur ce point B. Manin, « Volonté générale ou délibération ? Esquisse d'une théorie de la délibération politique », *Le Débat*, n° 33, janvier 1985, p. 72-93.

et différents selon l'intérêt, la logique du tout resurgit en tant que toutes les opinions ont été exprimées, que tous les intérêts ont été entendus et qu'il a été décidé d'arrêter le débat et de procéder au vote, parce que après la révélation de chaque particularité la décision de chacun porte sur le général. De même que dans le rationalisme individualiste la totalité était bien synthèse de l'Un et du multiple parce qu'elle était accessible dans l'acte volontaire qui venait limiter le processus additif, de même la loi peut apparaître comme totalité et non seulement comme généralité parce que toutes les positions particulières ont été d'abord révélées par chaque sujet participant au débat. Dans l'harmonie apparente des intérêts que le libéralisme postule comme issue à la délibération réside bien une logique du tout qui peut s'affirmer parce qu'il y a eu transaction, parce que chacun, en confrontant ses opinions à celles des autres, a contribué à construire l'espace total des argumentations. C'est sans doute ici qu'apparaît la spécificité du politique et que la notion de séparation revêt sa pleine signification. Ainsi, lorsqu'il parle de l'État, Adam Smith retrouve-t-il des accents hobbiens. Comme il le précise, chaque État est divisé en plusieurs ordres et classes et chaque individu est naturellement porté à privilégier la société dans laquelle il est né. C'est cette concurrence que l'État doit organiser. S'il donne aux ordres la sûreté et la protection qu'ils attendent de lui, il limite en retour leurs ambitions sans fin. Comme le souligne Gérard Mairet, « pour l'économie politique, l'État est *ontologiquement* pur de toute souillure économique : au-dessus des classes et des intérêts privés de l'économique, il plane, indéterminé et intemporel dans la sphère éthérée de la moralité publique. C'est l'État séparé, transcendant[1] ».

Le parti est ainsi aux prises, dans son essence même, avec la question du rapport conflictuel entre le particulier et le général. Parce que ce rapport ne peut se concevoir dans l'ordre politique et social hors des connotations qui l'attachent à la notion d'intérêt, l'interrogation sur les partis rencontre inévitablement le débat, récurrent dans la pensée politique occidentale, sur la relation entre intérêt particulier et intérêt général. Mais, et c'est là toute la difficulté de ce rapprochement, parce que le parti est déjà un collectif, on ne peut sans autre forme de procès lui prêter ce qui dans ce débat est attribué à l'individu et à ses fins propres.

Le parti comme impensé de la démocratie

À partir d'une source de résistance commune, l'intégration du multiple dans l'Un, c'est un appareil très diversifié d'arguments qui sont ainsi convoqués pour tenir à la marge le parti. Selon les auteurs, le traitement de la question est très différent : du silence à la condamnation violente, il est difficile de trouver une logique de classement.

L'émergence de l'individualisme et l'affirmation d'une sphère publique n'ont pas introduit une lecture nouvelle des instances de médiation. Il est ainsi remar-

1. G. Mairet, préface à A. Smith, *Recherches sur la nature et les causes de la richesse des nations*, trad. fr., Paris, Gallimard, 1976, p. 19.

quable que puissent coexister dans le rejet des partis Hobbes et Rousseau. Dans son opposition aux délibérations importantes des grandes assemblées, le premier retient plusieurs arguments : la compétence, la logorrhée, l'instabilité des lois, l'absence de secret et, enfin, le risque de formation des factions dans l'État. La faction, ce corps artificiel qui aspire à représenter tout l'État, glisse de l'éloquence à l'utilisation des armes, pousse à la guerre civile lorsque l'équilibre des positions est fragile. Dans ses développements sur la volonté générale, Rousseau au contraire associe à la délibération informée la juste expression du peuple. C'est lorsque les brigues et les associations particulières se forment que la volonté partielle passe pour générale et s'impose aux dépens de celle de l'État. Puisque la souveraineté est indivisible c'est le tout qui permet de concevoir la partie ; le risque de la faction ne peut être limité que par la multiplication et l'égalité des sociétés partielles.

Si les pensées du tout ont logiquement du mal à concevoir les partis, les conceptions individualistes dont on a noté le tropisme vers l'Un ne sont pas mieux assurées contre la tentation de l'« antipartisme ». L'Un sans doute se conçoit ici à partir du multiple ; il est en politique union d'harmonie, comme le dit Montesquieu[1], et, comme dans la musique, les partis ne sont pas nécessairement des dissonances insupportables à l'équilibre de la société. L'échange des arguments, encouragé, libéré, porte en effet le risque de l'atomisation dans une société tolé-

1. Montesquieu, *Considérations sur les causes de la grandeur des Romains et de leur décadence*, *op. cit.*, p. 86-87.

rante à la position de l'Autre. Ouverte mais aussi gouvernée[1], la société politique suppose donc des instances de médiation qui réduisent les divisions et tempèrent la souveraineté du peuple. Pourtant, le parti reste aussi dans ces cercles une conquête fragile, imposée par la logique des faits plus que par celle de la réflexion théorique. Ce qui chez Montesquieu passe pour élément d'équilibre et de séparation des pouvoirs devient chez Washington ferment de division, source d'instabilité, d'injustice et de confusion[2]. La passion et l'intérêt se conjuguent dans les factions pour contrarier la libre expression de la majorité. Le parti, par un raccourci où la contradiction des termes est ignorée, devient l'instrument de captation et de négation de la pluralité.

Que l'argument puisse au besoin justifier l'exclusion de l'adversaire, c'est ce que montrent les débats sous la Révolution française où l'affirmation de soi s'appuie sur l'illégitimité de l'Autre. Dans ses discours de combat, le « modéré » travaille comme ses adversaires sur les valeurs de l'Un ; il doit s'affirmer et pour cela dégrader ou exclure l'Autre. Sa composition est

1. Georges Burdeau distingue la démocratie classique, gouvernée, où l'expression du peuple s'exprime par ses représentants, et la démocratie moderne, gouvernante, où la souveraineté parlementaire se borne à enregistrer la volonté populaire. G. Burdeau, *Traité de science politique*, t. VI, *L'État libéral et les techniques politiques de la démocratie gouvernée*, Paris, LGDJ, 3ᵉ éd. 1987.

2. « Les suites funestes qu'entraîne communément l'esprit de parti doivent nous porter à le décourager et à le contenir. Cet esprit, partout où il règne, ne manque jamais d'agiter les conseils nationaux, et d'affaiblir l'administration publique ; il allume la haine, fomente les troubles, et produit des soulèvements ; il donne de l'influence aux étrangers et introduit la corruption dans toutes les branches du gouvernement. » G. Washington, *op. cit.*, t. II, p. 163.

bigarrée, sa langue hybride mais la conclusion peut être tout aussi radicale que celles développées par les extrêmes. Sieyès peut ainsi déduire la cohérence de la société de l'harmonie naturelle des intérêts et, dans le même temps, établir sur le mythe de l'unité nationale le lien entre représentants et représentés, assimiler le peuple au tout. Chez lui, la récusation de l'adversaire n'est pas modérée ; le minoritaire est l'étranger, en puissance scissionnaire : « La pluralité ne se sépare pas du tout ; il y auroit contradiction dans les termes car il faudroit pour cela qu'elle se séparât d'elle-même. Ce n'est qu'à la minorité qu'il appartient de ne vouloir point se soumettre au vœu du grand nombre et par conséquent de faire scission. » À la différence des autres parties, rien ne manque au Tiers de ce que détient la nation : hors lui la nation n'est rien, hors l'ordre privilégié elle est un tout libre et florissant. Dans une rhétorique que le socialisme renouvellera, Sieyès récuse la légitimité de la noblesse et fait du Tiers plus et mieux que le tout.

Utilisé par les conventionnels, le mécanisme prend une forme autrement perverse : l'Autre est toujours l'ennemi de la liberté, il est l'agent de l'étranger, il est le parti des ambitieux et des cupides, il est la mauvaise faction à laquelle s'oppose la bonne : « Citoyens, plaide Robert, on parle tous les jours de la faction des Jacobins, de la puissance des Jacobins, du despotisme des Jacobins. Ah ! sans doute, les Jacobins forment une faction, sans doute ils sont une puissance, sans doute ils exercent le despotisme ; mais cette faction, c'est la faction du peuple qui a préparé, qui a fait la révolution du 10 août[1]... » Une position extrême sans

1. Cité par L. Jaume, *Le discours jacobin et la démocratie*,, Paris, Fayard, 1989, p. 100.

doute, mais qui retrouve la contradiction dans laquelle étaient pris tous les révolutionnaires, enfermés entre le rejet de principe des clubs et des sociétés populaires et l'incapacité d'en décréter l'interdiction[1].

Un tel maniement de la rhétorique conforte en partie les analyses historiques et sociologiques. Le parti ne connaît pas les logiques de l'emboîtement : élément du tout, il est aussi machine d'exclusion ; expression d'un point de vue sur la société, il aspire à la recouvrir tout entière ; fondé sur le relatif des opinions, il tend à devenir un absolu de la vérité. En ce sens, il justifie davantage la critique sur son caractère total que celle sur son pouvoir de division, celle développée par les sciences sociales plutôt que celle privilégiée par la philosophie politique.

Ostrogorski, le premier, a illustré la contradiction du parti et du tout dans la description qu'il a donnée du développement du *caucus* lié au *Reform Bill* de 1867. L'élargissement du droit de suffrage nécessitait l'encadrement des nouveaux électeurs, mais il aiguisait aussi la lutte entre les partis puisqu'il était accompagné d'une clause de représentation des minorités qui tempérait les rigueurs du scrutin majoritaire. Longuement débattue au Parlement, cette disposition, avancée à l'origine par John Stuart Mill, visait, dans l'esprit de son promoteur, à garantir le pluralisme des partis, à limiter, pour les conservateurs, les conséquences du processus démocratique. Or, à bien lire Ostrogorski, la création du *caucus* libéral de Birming-

1. Cf. sur ce point P. Gueniffey, « Les assemblées et la représentation », *in* C. Lucas, éd., *The Political Culture of the Old Revolution*, Oxford, Pergamon Press, vol. 2, 1988, p. 233-257.

ham apparaît moins liée à l'abaissement du cens et à l'élargissement des franchises qu'à la volonté de ses promoteurs de limiter l'expression du pluralisme : « Ayant pris naissance dans le désir de tenir en échec la clause des minorités, ce mouvement a par le fait assumé la tâche de l'organisation des masses électorales[1]. » À ses origines, le parti moderne n'est pas le produit de la démocratie mais plutôt celui de l'absolu partisan, de l'ambition du parti de devenir le tout.

Bien avant les organisations de masse, le *caucus* a su multiplier les arrangements électoraux, imaginer les mécanismes les plus complexes d'encadrement des électeurs. Loin d'être facteur de division, il a été, comme le souhaitaient déjà les révolutionnaires français, l'instrument organisé d'exclusion du premier occupant — le privilégié, le tory, l'homme du passé. Il a été une machine efficace de domination électorale qui, par la seule perfection de l'organisation, est parvenue à neutraliser la clause de représentation des minorités et, dans le même mouvement, à assurer le pouvoir de l'encadrement. Ce que Roberto Michels, enfermé dans la seule observation du cercle intérieur, ne pouvait remarquer apparaît ici nettement : le parti est d'abord un outil de marginalisation de l'adversaire politique ; secondairement et à l'origine par simple effet pervers, il sécrète une oligarchie[2].

1. M. Ostrogorski, *La démocratie et les partis politique*, *op. cit.*, p. 84.

2. A. Lawrence Lowell confirme ce point en ajoutant que l'autorité des dirigeants s'est « maintenue tellement longtemps qu'il faut l'attribuer non moins à l'excellence du mécanisme qu'à leur propre popularité. » A. L. Lowell, *Le gouvernement de l'Angleterre*, trad. fr., Paris, V. Giard et E. Brière, 1910, p. 578-579.

Avec des mots plus forts, des présupposés idéologiques et des instruments d'analyse différents, Augustin Cochin, dans son étude des sociétés de pensée sous la Révolution, confirme le phénomène. Ici, il n'est plus question d'élections mais il est bien encore question d'exclusion et de négation de la pluralité : « C'est ainsi que le peuple jacobin avait maté la foule, la "volonté générale" asservi la "pluralité". C'est là un fait que les théoriciens n'avaient pas prévu. Rousseau avait bien dit que la volonté générale a raison contre le nombre ; l'expérience a prouvé qu'elle peut avoir raison du nombre et régner non seulement de droit, mais de force et de fait[1]. »

Lorsqu'on passe de l'analyse des idées à l'observation des faits sociologiques et historiques, les arguments, les conceptions et les mots se brouillent. Le traditionaliste Cochin peut confirmer les conclusions du libéral Ostrogorski ou du socialiste Michels ; la faction ne se distingue plus clairement du parti ; le parti ne se sépare plus clairement du tout. Y a-t-il une logique qui puisse rendre compte de ces opinions ? En apparence, tout est ici erratique. On trouve dans l'opposition aux partis des positions de « gauche » et des positions de « droite », des progressistes et des conservateurs, des républicains et des monarchistes. Et, dans la défense plus clairsemée des partis, se côtoient des conceptions tout aussi disparates : si le parti politique soulève la question du pluralisme, il se confirme ainsi que le partage des idéologies ne se fait pas sur la seule option du pluralisme.

1. A. Cochin, *L'esprit du jacobinisme*, Paris, PUF, 1979, p. 99 (1re éd. 1921).

Burke, qui défendait l'institution partisane, mettait en cause l'esprit philosophique, incapable de concevoir la pensée du groupe. Le doctrinaire par définition déteste le parti qui exige la conformité aux traditions, il rejette les préjugés de groupe, il s'enferme dans le culte du vrai et ne peut comprendre des institutions qui évidemment supposent l'organisation des divergences d'opinions et de doctrines[1]. Ce qui pour les autres — l'esprit de parti — est condamné fait pour Burke la supériorité des institutions anglaises. Ce qui produit de la conformité lui apparaît comme une source de tolérance et d'ouverture.

Il suffit pourtant de reprendre la définition que Burke donnait du parti politique — « un corps d'individus unis pour promouvoir l'intérêt national » — pour marquer les limites de son analyse. La tolérance à la division suppose ici une société rassemblée par une même conception du bien commun, un dissensus dans le consensus dont le modèle anglais du XVIIIe siècle et la république romaine offraient pour Burke de rares exemples accomplis ; elle exclut l'institution révolutionnaire qui s'affirme contre l'ordre établi. En somme, la tolérance à la division est toujours partielle, inscrite dans des représentations particulières de l'altérité et des conceptions exclusives de l'espace public. L'observation sociologique nous confirme que le parti ne peut pleinement remplir sa fonction d'agrégation que dans une société où les

1. E. Burke, « Thoughts on the Present Discontents », *in The Writings and Speeches of Edmund Burke,* Oxford, Clarendon Press, 1981, vol. 2, p. 1766-1774. Cf. aussi sur ce point É. Halévy, *La jeunesse de Bentham, op. cit.*, p. 268-269.

individus s'accordent sur les valeurs essentielles[1] ; elle montre que les représentants peuvent sécréter des divisions absentes du corps social. Les partis ne reflètent pas seulement, comme le considère Jeanne Hersch[2], les clivages de la société, ils peuvent aussi les produire et les amplifier. La division, c'est aussi l'affaire de l'espace public.

1. C'est la raison pour laquelle Lijphart considère que, dans une démocratie consociative, le parti n'est pas la meilleure instance de médiation. A. Lijphart, « Consociational Democracy », *World Politics*, XXI (2), 1969, p. 207-213, trad. partielle *in* M. Dogan et D. Pelassy, *La comparaison internationale en sociologie politique*, Paris, Litec, 1980, p. 211-216.

2. J. Hersch, *Idéologies et réalité*, Paris, Plon, 1956, p. 124.

Chapitre VII

PENSER L'EXPRESSION

Voilà le terrain plus ferme sur lequel s'affirme l'identité du parti. Quand on parlait pluralisme, le parti apparaissait comme un banal instrument de division, guère plus légitime que la faction, comme elle source de violence et de guerre civile. Lorsqu'on parle au contraire représentation, le parti se distingue : lié à la naissance de l'État, il suppose une partition rigoureuse du public et du privé ; lié à l'affirmation de l'individu en politique, il s'oppose à une société d'ordres qui enferme le sujet dans un statut rigoureux ; instance de médiation, il assure l'agrégation des opinions. On peut évidemment discuter sur la nature des organisations politiques de l'Ancien Régime, dissocier le parti de la démocratie, s'interroger sur la dialectique de la représentation et de l'incarnation, le parti apparaît bien comme un lieu de reconnaissance de la politique moderne.

Parti et ordre

Après Augustin Cochin, François Furet a souligné le phénomène[1] : c'est au moment où se déstructure en France la société d'ordres que s'affirme une forme originale de sociabilité politique, une nouvelle organisation conçue à partir de l'individu, un monde fondé sur l'opinion qui s'élabore dans les cafés, les salons, les loges et les sociétés. Une « sociabilité démocratique » où la communication ne circule plus de manière hiérarchique, du monarque vers ses sujets, mais horizontalement, entre des individus égaux en droit.

Cette césure que la France révèle entre la société organique de l'Ancien Régime et la société individualiste de la Révolution ne se retrouve pas de manière aussi nette en Angleterre. Ici, tout un ensemble de signes soulignent bien encore au XVIIe siècle le prestige dont bénéficie l'aristocratie, la valeur du titre, l'autorité de l'Église. Dans une société où la déférence est profondément inscrite dans les représentations sociales, les cloisons sont multiples, les rangs bien établis et les inégalités politiques consacrées — suffrage censitaire, conditions d'éligibilité aux Communes, accession à la Chambre des lords. Mais malgré la résistance de l'apparat, du prestige et de la hiérarchie il est difficile de parler de société d'ordres[2].

1. F. Furet, *Penser la Révolution française*, Paris, Gallimard, 1978, p. 56-60.

2. Employée par l'historien britannique P. Laslett, l'expression est discutée par Roland Marx, *La société britannique de 1660 à nos jours*, Paris, PUF, 1981, p. 42-45.

Plus tôt que les Français, les Anglais ont renoncé aux privilèges nobiliaires et mis en place des mécanismes modernes de représentation politique. Inscrit au Moyen Âge dans un réseau de liens personnels — la famille, le lignage anglais, le clan écossais, la communauté villageoise —, l'individu conquiert son autonomie à la faveur de la Réforme. Il rompt la gangue des cellules élémentaires, se libère des allégeances locales, peut échapper à son statut par l'anoblissement ou l'acquisition d'une parentèle. Surtout, la référence à la société d'ordres sous-estime l'originalité politique du modèle britannique, ce qui le distingue de son homologue français : l'affirmation précoce des partis politiques.

Le parti anglais n'a certes pas au XVIIe siècle les formes qu'il prend deux siècles plus tard avec l'élargissement du suffrage : « Quand l'opposition à cette époque n'allait pas réellement jusqu'à verser le sang, note A. L. Lowell, elle se rapprochait dangereusement du complot et de l'insurrection ; et le ministre tombé, qui se voyait arracher le pouvoir par le ressentiment populaire ou par l'hostilité du Parlement, passait au moins dans l'ombre de l'échafaud[1]. » Associé à la violence, le parti se distingue mal de la coterie, de la clique réunie autour d'une personnalité. En 1788 encore, on parle du « *Party of the Crown* », du « *Party attached to Mr Pitt* » ou du « *Party attached to Mr Fox* », des formations qui, pour l'historien, recouvrent des réalités floues et changeantes, où dominent les pratiques de clientèle et de patronage, des formes d'organisation archaïques bien différentes de celles qui s'affirment après la réforme de 1867[2].

1. A. L. Lowell, *op. cit.*, p. 535-536.
2. D. Lancien, « La formation des partis politiques britanniques

Appréciée à l'aune du parti moderne, cette analyse s'accorde cependant mal avec l'accent que les constitutionnalistes mettent sur la formation du régime parlementaire. C'est de la division du Parlement en whigs et tories qu'est née la responsabilité du ministère. Progressivement acquise, gênée par la fragilité des positions et les mouvements erratiques d'opinion, cette responsabilité a contribué en retour à organiser les divisions, à soumettre la Chambre des communes à l'action des partis. Comme le note Habermas[1], les conflits politiques prennent alors une signification sociale : les whigs et les tories expriment les intérêts des différentes classes — « sous la bannière de la *Resistance* pour les premiers, sous l'invocation du *Divine Right* pour les seconds » ; le Parlement exprime les tensions entre la Couronne et l'opposition qui peut toujours faire appel au jugement de l'opinion publique.

On est loin de la distinction rigoureuse entre la faction personnelle et le parti réel. Victime de l'illusion rétrospective, l'analyse qui s'arrête sur ce point conduit à réifier les catégories, à parfaire un modèle sans véritable traduction empirique. Ces traits que l'observateur décèle dans la faction prédémocratique ne font en vérité qu'amplifier des caractères présents dans toutes les formations politiques : les relations de clientèle[2] qui confortent la stabilité des directions, les

modernes vue à travers l'étude des structures partisanes : mérites et limites d'une approche de la réalité politique », *Revue historique*, n° 521, janvier-mars 1977, p. 26-80.

1. J. Habermas, *L'espace public*, trad. fr., Paris, Payot, 1978, p. 73 (1re éd. 1962).

2. Il faudrait d'ailleurs préciser le statut des concepts comme ceux de clientèle et de patronage, rarement définis.

allégeances personnelles qui prennent le pas sur les débats d'idées, l'intérêt personnel qui côtoie l'option idéologique. Ostrogorski l'a bien montré, loin de purifier l'institution, la nationalisation des partis à la fin du XIXe siècle a dans une large mesure accentué des phénomènes qui ne dépassaient guère jusqu'alors le cercle du Parlement.

À suivre cette hypothèse, on peut renouer avec l'intuition d'Augustin Cochin[1] qui distinguait deux formes d'organisation politique : le modèle anglais de parti et le modèle français d'ordre. Dans la première conception, le pouvoir s'adresse à l'individu, coupé de son milieu, de sa situation, de ses devoirs et besoins réels. Le vote y prend une importance particulière puisqu'il offre au citoyen la seule occasion d'affirmer sa condition d'être abstrait, socialement indéfini ; le politique exige la formation d'un espace délimité, le Parlement, propre à exhiber cette existence. Dans la société d'ordre au contraire, le roi s'adresse directement, sans intermédiaires, à son peuple ; il ne l'ignore pas, lui reconnaît un rôle actif, positif, sollicite ses initiatives par la rédaction des cahiers de doléances et la désignation de porte-parole : le mandat impératif, l'absence de professionnels de la politique assurent la supériorité de cette forme d'incarnation sur les démocraties représentatives.

Si l'on fait l'économie du jugement politique qui clôt l'analyse, cette hypothèse permet de porter un nouvel éclairage sur le phénomène partisan. Le plus souvent, celui-ci est apprécié dans sa radicale nouveauté. Invention de la modernité, il bouleverse

1. A. Cochin, *L'esprit du jacobinisme*, *op. cit.*, p. 80-84.

l'organisation traditionnelle des rapports politiques. Il efface pour reconstruire. Dans cette perspective, la question des proto-partis perd beaucoup de son intérêt. Y avait-il des partis à Athènes, à Rome ou sous l'Ancien Régime ? Les spécialistes répondent souvent par l'affirmative, n'hésitent pas à utiliser le mot ; ainsi, dans son étude de la Ligue parisienne, Élie Barnavi [1] parle de parti de masse autoritaire à tendances totalitaires, fortement structuré et hiérarchisé. Les puristes, au contraire, rappellent que les partis sont le produit de la modernité, ne se comprennent pas hors du cadre parlementaire, supposent la laïcisation des formalités et des contenus, la séparation du public et du privé [2]. Au-delà des problèmes, classiques pour un historien, de l'anachronisme et de la rétrodiction, la discussion apparaît pourtant convenue si elle ignore la concurrence que ces modes d'organisation, imparfaits et hésitants, engagent contre la société d'ordres.

La difficulté tient sans doute ici à la place centrale que la réflexion sur l'organisation a prise en science politique. Paolo Pombeni note ainsi justement [3] que les partis politiques ne s'affirment pas seulement au XXe siècle avec l'encadrement moderne des classes populaires. Le parti n'exige pas la bureaucratie, la permanence et la stabilité que le modèle socialiste a

1. É. Barnavi, *Le parti de Dieu. Étude sociale et politique des chefs de la Ligue parisienne, 1585-1594*, Paris, éd. Nauwelaerts, 1980.

2. Cf. sur ce point le débat engagé sur le livre de Barnavi par Robert Descimon, « La Ligue à Paris (1585-1594) : une révision », *Annales*, 1982 (1), p. 72-127.

3. P. Pombeni, *op. cit.*, p. 98.

engendrées : il prend, plus tôt, d'autres formes et trouve sa source dans des clivages essentiels antérieurs aux divisions politique — droite/gauche — et sociale — bourgeoisie/prolétariat[1]. Mais Pombeni retrouve les apories classiques des interrogations sur la genèse des partis quand il accentue l'importance de l'« institution intérieure ». Au nom de ce critère, il écarte de son étude les clubs sous la Révolution française et souligne l'hétérogénéité absolue entre les formations sociales qui connaissent aujourd'hui une fracture entre État et société, et celles qui ne se déployaient pas alors dans un espace politique autonome. Chacun de ces points a sans doute son importance — hors la partition public/privé, on n'a pas de modes de représentation politique ; hors l'organisation, on ne comprend pas le phénomène de l'oligarchie et l'une des racines du totalitarisme —, mais aucun de ces deux points ne permet de résoudre la question très différente des modes d'expression de la division.

L'affirmation du parti n'exige pas des formes élaborées d'organisation, elle n'est pas liée à une expression particulière des clivages sociaux : au même moment, l'Angleterre et la France ont des institutions différentes, et la France elle-même connaît — ainsi la Ligue étudiée par Barnavi — des expressions partisanes au sein d'une société d'ordres. Ce que permet de voir Cochin, c'est que l'ordre et le parti sont deux formes alternatives d'articulation du social et du politique, que toute société politique doit trouver des formules originales d'encadrement de l'individu, qu'il

1. S. M. Lipset et S. Rokkan, *op. cit.*, New York, The Free Press, 1967.

soit sujet ou citoyen. La convocation des États Généraux le vérifie en 1789 : subsistent alors les ordres mais se met aussi en place un mode de consultation permettant d'écarter les influences qui primaient dans les anciens états : la généralité du suffrage, la résurrection des bailliages, la réunion des électeurs en petits collèges favorisant la rédaction autonome des cahiers. Un système hybride en somme qui, selon le jugement de Cochin[1], combine les modèles anglais et français, brise les cadres sociaux, vide l'ordre de sa substance mais récuse l'option du parti. Un système qui abandonnerait l'individu à lui-même, le mettrait « dans le vide » s'il ne sécrétait, « comme par enchantement[2] », un mode original d'encadrement, la société de pensée, forme intermédiaire d'organisation politique qui, par son statut mixte — entre l'ordre et le parti —, révèle la leçon du système. L'ordre et le parti expriment deux types de sociétés différentes, l'une organique, l'autre individualiste, mais ils traduisent aussi la même exigence : celle de l'organisation du lien social. Avant d'être une instance de médiation entre le public et le privé, le parti n'est jamais que l'une des formes possibles d'encadrement de l'individu par le politique. Il s'impose plus tardivement en France, où il s'appuie sur une conception originale de la souveraineté indivisible, mais il ne naît pas brutalement, dans le vide : après l'ordre et avec la mémoire de l'ordre[3], il n'est

1. A. Cochin, *L'esprit du jacobinisme*, *op. cit.*, p. 79-84.

2. Les expressions sont de Cochin (*ibid.*, p. 83).

3. On notera ainsi que dans la volonté de Sieyès de faire du tiers état l'expression de la nation tout entière subsiste évidemment une référence à l'ordre que l'on pourrait retrouver chez les conventionnels et, au-delà, dans la tendance de la gauche française à nier la légitimité de la droite à faire de la partie le tout.

qu'un relais. Sur ce point essentiel, la question de l'alternative partis-factions-sociétés de pensée n'a pas de prise.

La même remarque peut être appliquée aux liens entre le parti et la démocratie. Jean et Monica Charlot rappellent[1] que la création des partis précède l'extension du suffrage en Norvège et en Suède tandis qu'elle la suit avec des décennies de retard en France et au Danemark : c'est dire que la discussion sur la genèse des partis risque de s'enfermer dans la suite sans fin des exceptions et des justifications *ad hoc*, échappe rarement aux perspectives téléologiques. À réfléchir sur l'expression politique, c'est un autre rapport du parti au pluralisme que l'on éclaire.

Le public et le privé

La démocratie retrouve ici ses droits, le parti son originalité, la problématique de la trinité sa pertinence. On peut qualifier le parti, mettre l'accent sur sa modernité ; on peut récupérer dans un même regard tout ce qui le distingue et le définit.

Pour désigner cet avènement, Ostrogorski parle de nouvelle cosmogonie : « Économie politique, utilitarisme empirique, doctrine des droits de l'homme sous sa face française ou sous le masque anglais de la philosophie utilitaire de Bentham, convergent tous vers une même fin et tendent à constituer comme une

1. J. et M. Charlot, « Les groupes politiques dans leur environnement », *in* M. Grawitz et J. Leca, *Traité de science politique, op. cit.*, vol. 3, p. 429-495.

nouvelle cosmogonie sociale où le point de départ et la fin est l'individu et non l'ensemble, où ce n'est plus la collectivité qui reflète sur l'individu sa chaleur et sa lumière, mais où c'est l'individu même qui est le foyer[1]. » On peut discuter le rapprochement sans nuances de traditions en partie antinomiques et rappeler avec Burke la distance entre la conception anglaise de l'homme concret inséré dans une communauté et le modèle français des droits de l'homme saisi dans sa dimension abstraite : lorsque les individus sont atomisés, dispersés, les notions de majorité et de minorité prennent un sens plus ténu, le pouvoir de lier le peuple apparaît moins assuré[2]. Mais, par la référence à l'individu, c'est à une réflexion sur la formation d'un nouveau lien social que la remarque d'Ostrogorski invite : le parti politique permet de comprendre les modalités de transformation du privé en public.

Ce point d'intersection, la sphère publique le restitue mal dans sa dénomination si l'on se souvient qu'elle qualifie justement un lieu où se mêlent public et privé, où les individus rassemblés revendiquent contre le pouvoir afin de discuter des règles générales de l'échange des marchandises et du travail social, de questions en somme qui relèvent de leurs intérêts privés[3]. Dans ce lieu imaginaire, purement métaphorique, qui prend place entre la société civile et le pouvoir public, les individus n'apparaissent pas, à la

1. M. Ostrogorski, *op. cit.*, p. 56.
2. E. Burke, « Appel des whigs modernes aux whigs anciens », *in Réflexions sur la révolution de France*, trad. fr., Paris, Hachette, 1989, p. 456-457.
3. J. Habermas, *op. cit.*, p. 38.

manière des citoyens grecs, par la grâce de leur autonomie privée — les maîtres d'une maison —, ils sont là par leur capacité à faire un usage public de leur raison. Produit du XVIIIe siècle, cette sphère est socialement fermée ; bourgeoise, elle se distingue tout à la fois de la cour et du peuple : elle efface les distinctions d'ordres, rompt avec les inégalités de principe et soumet toutes choses au jugement critique.

Essentielle puisqu'elle postule un modèle social de la représentation où l'individu éclairé se fait porte-parole du peuple, cette conception consacre une dialectique complexe du public et du privé. De manière révélatrice, Kant qualifie d'ailleurs de privé l'usage de sa raison par l'individu dans l'exercice d'une charge ou d'un office mais aussi dans son devoir de citoyen [1], marquant ainsi la différence entre l'activité de l'individu, publique lorsqu'elle s'exerce en conformité avec l'humanité tout entière, privée lorsqu'elle s'inscrit dans les frontières d'un territoire déterminé, qu'il soit celui de la famille, de l'État ou de l'Église. Espace de représentation, la sphère publique suppose l'autonomie sociale et la promotion de l'individu libre de toute emprise de l'État ; elle s'affirme au moment où l'individu se dédouble, associe en lui les deux rôles du public et du privé, du citoyen et du consommateur-marchand. En ce sens, l'espace public est tout à la fois politique, civique et social [2], à l'image de l'économie

1. E. Kant, « Réponse à la question : Qu'est-ce que les Lumières ? », *in Philosophie de l'histoire*, trad. fr., Paris, Denoël-Gonthier, 1983, p. 46-55. Cette question est discutée par Roger Chartier dans *Les origines culturelles de la Révolution française*, Paris, Le Seuil, 1990, p. 36-41.

2. Cf. D. Colas, *Le glaive et le fléau. Généalogie du fanatisme et de la société civile*, Paris, Grasset, 1992, p. 205.

politique qui, avec la fin de l'économie domestique, s'affirme dans la congruence du marché et de la communauté politique.

On perçoit l'importance de ce processus pour la compréhension des partis politiques. Avec la partition du public et du privé engendrée par le libéralisme, c'est la dissociation qui s'opère entre le pouvoir et l'opinion. La loi humaine n'a plus d'emprise sur les pensées religieuses et perd la majesté qu'elle puisait dans la loi divine : elle est, selon l'image de Sieyès, « au centre d'un globe immense [où] tous les citoyens sans exception sont à la même distance sur la circonférence et n'y occupent que des places égales[1] ». Par sa situation, elle ne permet pas d'appropriation privée, tout comme le politique, lieu vide, n'est ouvert que virtuellement à chacun et à chaque opinion. Exprimant symboliquement le caractère métaphorique et hybride de la politique moderne, elle appelle la représentation, l'instance de médiation qui assure l'interpénétration de la société civile et de l'État. À côté de la loi divine et de la loi civile, il y a la loi de l'opinion publique, pensait Locke, « mesure de la

1. E. Sieyès, *Qu'est-ce que le tiers état ?*, *in Œuvres de Sieyès*, Paris, EDHIS, 1989, t. I, p. 116. C'est à une métaphore analogue que Sieyès recourt lorsqu'il définit la manière dont l'intérêt général se forme dans la délibération : « Dans cette épreuve, les avis utiles, et ceux qui seraient nuisibles se séparent, les uns tombent, les autres continuent à se mouvoir, à se balancer jusqu'à ce que, modifiés, épurés par leurs efforts réciproques, ils finissent par se concilier, par se fondre en un seul avis, comme on voit dans l'univers physique un mouvement unique et plus puissant se composer d'une multitude de forces opposées » (« Vues sur les moyens d'exécution dont les Représentants de la France pourront disposer en 1789 », *in Œuvres de Sieyès, op. cit.*, t. I, p. 91).

vertu et du vice », jugement moral que le peuple éclairé peut porter sur le gouvernement[1]. Ses premières productions se trouvaient dans les salons, la république des lettres et la maçonnerie, son expression moderne est donnée par les partis politiques.

L'État libéral doit ainsi, en permanence, moduler le principe qui le fonde : la dissociation du public et du privé limite rigoureusement la portée de la loi de majorité et appelle la formation d'un espace public où ne gouvernent plus les intérêts particuliers. Mais les institutions qui structurent cet espace ont l'hybridité de l'entre-deux, comme le montre l'évolution des salons à l'époque moderne. À l'origine, ceux-ci formaient un espace ouvert, atypique pour une société d'ordres ; rapprochant la noblesse et la bourgeoisie, ils égalisaient les conditions et s'ouvraient sur le public éclairé. Les questions dont ils débattaient étaient générales mais ne touchaient que par ricochet les autres groupes. Ce caractère, que consacrait la distribution même de l'espace intérieur — la maîtresse de maison des grandes familles aristocratiques tenait son rôle dans la salle principale, ouverte aux regards des domestiques et des voisins —, a pris une autre forme dans les familles bourgeoises où le salon est devenu le lieu consacré à la société, exprimant ainsi, au centre de la maison, l'interférence du public et du privé. « Les individus, note Habermas, quittent l'intimité de leur chambre pour l'espace public du salon. Mais celle-là est strictement corrélative de celui-ci[2]. »

1. Cf. sur ce point R. Koselleck, *Le règne de la critique*, Paris, éd. de Minuit, 1979 (1re éd. 1959), et les développements que lui consacre P. Pombeni, *op. cit.*, p. 46-47.

2. Cf. J. Habermas, *op. cit.*, p. 56.

Le salon s'ouvre mais sur « la toile de fond » d'une vie privée.

Cette ambivalence, le parti semble la porter en son sein même. Il est au centre ou, comme le dit encore la science politique avide de métaphores, au cœur, à la médiation, à la connexion. Il est une trinité, réunissant sur un même nom l'ambition d'exprimer la société, celle de conquérir le pouvoir, celle enfin de réunir des individus unis par des valeurs. Dans ses deux premières fonctions, le parti se situe côté public, agrège et condense les demandes et les soutiens du citoyen. Dans la dernière fonction, il introduit la contradiction, mêle ses affaires personnelles à la mission d'intérêt général qu'il se donne. Il n'a ni les cloisons ni les espaces fonctionnels de la maison bourgeoise, mais il est comme elle un lieu où se côtoient les exigences en partie contraires du public et du privé.

Ce caractère est évidemment plus marqué dans les formations socialistes de masse que dans les partis libéraux de notables. D'une part en effet, le socialisme aspire à intégrer la totalité de l'univers de l'individu, à l'encadrer « du berceau à la tombe » dans tous les aspects de sa vie quotidienne[1]. Par une multiplicité de contraintes informelles, plus ou moins développées selon les périodes et les traditions nationales, il peut contrôler la vie privée de ses membres, les rappeler au code de bonne conduite de l'adhérent exemplaire. D'autre part, par leur culte de l'organisation, les partis socialistes apparaissent, bien plus que leurs homo-

1. S. Neumann, « Toward a Comparative Study of Political Parties », *in* S. Neumann, éd., *Modern Political Parties. Approaches to Comparative Politics*, Chicago, University Press, 1956.

logues libéraux, comme des machines à fabriquer du privé et du secret. Ils sécrètent des conflits entre des porte-parole titulaires de rôles, parfois complémentaires, parfois concurrents : face au parlementaire qui affirme sa légitimité en revendiquant l'expression directe du suffrage universel, le militant est ainsi toujours tenté d'imposer sa position, confirmant que le parti est un lieu de confrontation entre deux exigences, celle de la démocratie interne et celle de la démocratie du tout.

Ce point d'entre-deux que le parti occupe n'est qu'en apparence équidistant du public et du privé. Expression du pluriel, le parti est renvoyé par les conceptions unitaires du politique du côté de la société, comme le montre Carl Schmitt[1]. Il n'y a pas de démocratie sans partis politiques, convient ce dernier, mais seulement parce que ce régime ne se conçoit pas sans représentation du peuple et sans opinion publique. Pas plus que l'opinion publique n'a compétence d'autorité, le parti ne peut se transformer en autorité de l'État : loin d'être une institution publique, il est, comme la plupart des législations nationales le désignent, une simple association d'ordre privé. À l'inverse, le parti est apprécié de manière plus nuancée lorsqu'il est saisi dans sa recherche du pouvoir. Comme les systèmes autoritaires, les « régimes des partis », observe Carl Friedrich[2], s'accompagnent toujours de corruption et de faveurs particulières, mais la tendance à privilégier les principes indigènes

1. C. Schmitt, *Théorie de la constitution*, trad. fr., Paris, PUF, 1993, p. 386 (1re éd. 1928).
2. C. Friedrich, *op. cit.*, p. 446-447.

— et par conséquent à accentuer le privé et le particulier — est plus ou moins marquée : c'est lorsque les partis sont tenus à l'écart du pouvoir qu'ils sont le plus portés à accentuer le dogmatisme doctrinaire et à ignorer les contraintes du compromis politique.

La politique moderne a brouillé la distinction rigoureuse que les Anciens avaient établie entre le public et le privé. En théorie formalisée par le libéralisme, cette séparation a été subvertie par ce que Hannah Arendt appelle le domaine social[1], cet espace où l'économie politique mêle les rationalités, les nécessités de la vie individuelle et les exigences de la liberté politique. Dans une conception dualiste, les Grecs pensaient l'homme et la cité de manière séparée, ils posaient un abîme que les citoyens devaient chaque jour franchir afin d'accéder au domaine de la *polis*. Cette marque, les Modernes l'ont effacée, ouvrant ainsi la voie au dérapage des conceptions totales. Ce que l'espace de la maison bourgeoise montre symboliquement — l'abaissement de la frontière —, l'affirmation des partis politiques l'exprime dans sa diversité. Le privé et le public ne sont plus fonctionnellement distincts mais, du libéralisme au socialisme, ce sont des rencontres d'intensité très inégale qui s'expriment. Après le salon bourgeois, c'est aujourd'hui le parti qui révèle le mieux l'imbrication de la société et de l'État.

1. H. Arendt, *Condition de l'homme moderne,* trad. fr., Paris, 1983, p. 59-99 (1re éd. 1958). Cf. aussi L. Strauss, *La cité et l'homme,* trad. fr., Paris, Agora, 1987 (1re éd. 1964).

Incarnation et représentation

Sur cette première difficulté que constitue la nécessaire articulation du public et du privé, la conception moderne greffe une lecture très ambiguë de l'expression politique. Ses références, elle les trouve d'abord du côté du libéralisme qui oppose le modèle le plus élaboré au schéma incarnatif de l'Ancien Régime — la nation figurée dans le corps du roi.

À la question, pour lui essentielle, de l'identification de l'intérêt des gouvernants avec celui des gouvernés, le libéralisme, on l'a vu, n'apporte pas de réponse univoque, se sépare entre une version hobbienne qui trouve dans la toute-puissance du souverain la meilleure garantie contre la guerre civile et une interprétation démocratique qui étend au politique le principe selon lequel le citoyen doit en toutes choses juger de ses propres affaires. Le libéralisme hésite lorsqu'il s'agit d'apprécier, au-delà du marché, le postulat de la rencontre naturelle des intérêts. Et c'est justement lorsqu'il juge que l'harmonie n'est pas toujours immédiate et absolue qu'il trouve dans la représentation la meilleure assurance du bon gouvernement. Le système représentatif devient pour lui la meilleure garantie de l'unité de l'État, l'instrument idéal d'organisation de la volonté. John Stuart Mill le dit : la possession du pouvoir pousse les hommes à préférer leurs intérêts égoïstes à l'intérêt général. Le gouvernement représentatif pallie ce mal. Confié à des hommes habiles et compétents, à des professionnels de la politique, il garantit la primauté du bien commun sur ce que Bentham appelle les intérêts sinistres. La question de

Stuart Mill est restée célèbre : « Pourquoi dans une société passablement constituée, la justice et l'intérêt général finissent-ils presque toujours par l'emporter ? Parce qu'il y a plus d'un égoïsme dans l'humanité. Certains égoïsmes sont intéressés à ce qui est mal, mais d'autres sont identiques à ce qui est bien : et les personnes qui sont dirigées par des considérations plus élevées, quoique trop peu nombreuses et trop faibles pour prévaloir à elles seules, deviennent ordinairement assez fortes, après discussion et agitation suffisante, pour faire prévaloir le groupe d'intérêts privés, dont la conclusion est la même que celle de leur désintéressement[1]. » Le gouvernement représentatif n'exige pas seulement une juste séparation des pouvoirs, il suppose aussi un citoyen modéré, ni passif ni agressif. Burke opposait déjà au modèle français de l'Ancien Régime le principe anglais de la délibération et de l'autonomie du représentant, Mill donne à la représentation sa forme la plus élaborée en assignant au politique une fonction spécifique, qui ne se déduit pas de la simple somme des intérêts particuliers. Lorsqu'il travaille sur le politique, le libéralisme n'a jamais la pureté que lui prêtaient les pères fondateurs de l'école écossaise. Il doit résoudre la question de la cohésion collective et pour cela mobiliser des modèles qui ne relèvent pas de la pure logique de l'individualisme ; il doit parler collectif, concéder une part de ses principes aux conceptions qui placent à leur source le pôle de l'Un.

Contesté par la lecture individualiste du libéra-

1. J. S. Mill, *Le gouvernement représentatif*, trad. fr., Paris, Guillaumin et Cie, 1865, p. 148.

lisme, le schéma incarnatif se heurte par ailleurs à la conception qui fait de la nation un corps moral qui précède et transcende celui du roi. À partir d'une question proche dans ses termes de celle du libéralisme — la divergence entre les intérêts du monarque et ceux de ses sujets —, cette thèse situe dans la nation, dépositaire de l'unité sociale, l'essence d'un intérêt pur et sans mélange. Définie par Sieyès comme un corps d'associés vivant sous une loi commune et représentés par une même législature, la nation appelle aussi l'expression d'un social purifié.

Tendu entre les conceptions représentatives et incarnatives, le politique offre des traductions complexes, dans le réel contradictoires et difficilement conciliables. Sous la Révolution française, peuvent ainsi coexister deux modes de légitimité : d'une part, celle, individualisée et incarnative de l'institution monarchique ; d'autre part, celle, anonyme et représentative, de l'Assemblée. Deux circuits qui, loin d'être parallèles et univoques, se croisent et s'échangent : le roi n'est plus le « corps de la nation », il figure simplement « l'unité du corps politique à partir de la multiplicité primitive des individus[1] » ; l'Assemblée tend à s'identifier à la nation, à faire, à la manière de l'Ancien Régime, corps avec elle[2]. C'est une constante de la politique moderne, ce que le juridique ignore, le politique l'impose : la Révolution

1. M. Gauchet, *La révolution des droits de l'homme*, Paris, Gallimard, 1989, p. 19.

2. On trouvera dans l'étude d'A. de Baecque de multiples expressions de la survivance de la métaphore corporelle après la chute de l'Ancien Régime. A. de Baecque, *Le corps de l'histoire. Métaphores et politique (1770-1800)*, Paris, Calmann-Lévy, 1993.

substitue le mandat représentatif au mandat impératif, consacre l'autonomie et le pouvoir de délibération de l'Assemblée mais, à la poursuite de sa légitimité, celle-ci revendique plus qu'un mandat. Elle se dit la nation dans son unité.

Sur ce postulat, le jacobinisme élabore progressivement une charte qui brouille toute l'architecture du gouvernement représentatif. À la théorie modérée de la souveraineté latente — la volonté, hors les moments de crise, ne réside dans le peuple qu'à titre principiel et s'exprime normalement par ses représentants —, le jacobinisme oppose une recherche de l'identité parfaite entre gouvernants et gouvernés. Unitaire parce qu'elle ignore et tend à réduire l'adversaire, une telle conception l'est aussi parce qu'elle nie la légitimité des corps intermédiaires et tend, comme par effet pervers, à reconstruire un modèle hiérarchique dans lequel le pouvoir dit toute la vérité de la nation. « Partout où le peuple n'exerce pas son autorité et ne manifeste pas sa volonté par lui-même mais par des représentants, si le corps représentatif n'est pas pur et presque identifié avec le peuple, la liberté est anéantie » : la formule que Robespierre prononce en 1791 suppose une conception de l'opinion authentique, vertueuse que seul le peuple éclairé peut retrouver. « La vertu fut toujours minoritaire sur la terre », comme il le déclare encore en 1792. Entendons : l'avant-garde vertueuse a pour mission de régénérer le peuple perverti par ses représentants[1].

Une telle conception nie, dans ses principes, la

1. Cf. sur ce point M. Ozouf, *L'homme régénéré*, Paris, Gallimard, 1989, et L. Jaume, *Le discours jacobin*, *op. cit.*

valeur du parti et même de l'altérité : « Si le ressort du gouvernement populaire dans la paix est la vertu, le ressort du gouvernement populaire en révolution est à la fois la *vertu et la terreur* [...]. La protection sociale n'est due qu'aux citoyens paisibles : il n'y a de citoyens dans la République que les républicains. Les royalistes, les conspirateurs ne sont, pour elle, que des étrangers, ou plutôt des ennemis[1]. » Associée à la terreur, la vertu régénérée retrouve, dans le cadre d'un schéma juridiquement représentatif, le refoulé de l'incarnation. Le représentant légitime, celui qui s'est proclamé tel, est l'œil du peuple souverain. Le pouvoir qu'il exerce est celui du peuple, et, comme celui du peuple, il ne connaît pas de limites. Nécessaire — le peuple ne peut gouverner lui-même dans le détail —, provisoire — le peuple doit être éduqué —, mais absolue, l'autorité que la société de pensée exerce repose au bout du compte sur l'organe apparemment le plus insignifiant, le simple « bureau de surveillance de l'exécution des lois » ; la démocratie pure du peuple incarné institue le règne du « commissaire », du « délégué », porte-parole tout puissant du peuple[2].

Faut-il, comme le pense Augustin Cochin[3], voir dans le club jacobin la préfiguration du *caucus*, de la machine américaine et, de manière plus générale, de toutes les organisations politiques et syndicales modernes ? Le jugement ignore la différence essentielle qui sépare les modèles socialistes des concep-

1. M. de Robespierre, *Œuvres,* éd. Marc Boiliseau et Albert Soboul, Paris, PUF, 1967, p. 357.
2. A. Cochin, *L'esprit du jacobinisme, op. cit.*, p. 124.
3. *Ibid.*, p. 117.

tions libérales, mais il permet de retrouver certains des mécanismes qui, au sein même de la démocratie représentative, contrarient l'affirmation de la frontière entre politique et social. Aucun représentant, aucun parti n'échappe à l'exigence de légitimité et, pour cela, il doit sans cesse reconstruire son identité, effacer tous les signes de sa distinction, se faire le simple reflet de celui au nom duquel il parle. Plus vrai que le vrai, le représentant peut cultiver la croyance — des autres comme de lui-même — en son pouvoir et en sa légitimité, inverser même les rapports qui le lient à son mandant, au point que le représenté devient la copie du représentant.

Mal accordée à la représentation, la représentativité qui s'exprime ici ne donne en fait qu'un éclairage, plus pervers qu'assumé, de la résistance des modèles incarnatifs : le libéralisme peut transgresser la frontière qu'il pose entre société civile et société politique, il ne la nie pas comme le fait le socialisme. Si l'on veut retrouver dans sa pureté presque originelle le modèle incarnatif, c'est de ce côté qu'il faut regarder. Qu'il soit social-démocrate ou communiste, le parti se présente en effet clairement comme une enclave dans un régime dont il refuse les principes. Il ne connaît pas en son sein de mécanismes de délégation, substitue à toutes les formes de gouvernement bourgeois les institutions plus neutres de l'administration des choses : le secrétaire général, le bureau politique, le comité central ou la commission administrative permanente. Le parti ne représente pas la classe, il est la classe, et cette identité suffit à donner la garantie du bon choix. La classe est plus qu'une boussole — longtemps le mot, pour un communiste et pour beaucoup de socialistes, a plutôt désigné l'assurance que leur donnait le marxisme —, elle est le corps du parti.

On se gardera pourtant de faire de ce modèle une simple version du totalitarisme. La négation du politique autonome, la prétention à le résorber dans la classe ou le peuple conduisent bien le plus souvent à renforcer les ressources et les protections du pouvoir. Critique de la représentation, le jacobinisme s'appuie sur une conception vertueuse de la démocratie qui donne à son avant-garde le privilège de la juste parole. Critique de la démocratie bourgeoise, la social-démocratie engendre une forme d'autorité par l'égalité plus perverse dans ses conséquences que la hiérarchie assumée. Critique du trade-unionisme, le léninisme suppose une adjudication par le parti de la conscience de classe qui retrouve les formules les plus tranchées de l'élitisme. Mais ces trois critiques, dans leurs principes largement convergentes, n'assurent pas au parti ou à la société de pensée — la distinction a ici peu d'importance — la même fonction et ne laissent pas au pluralisme la même part. Les sciences sociales ignorent généralement ce point : le parti est toujours pris entre deux contraintes, celle du jeu institutionnel auquel il contribue, celle de la société qu'il aspire à construire.

C'est cette tension qu'expriment le mieux les partis socialistes dans les périodes où ils se situent aux marges du système. Ils récusent alors le modèle libéral de la séparation du public et du privé, aspirent à une identification du politique et du social qui rend difficile leur intégration dans la démocratie parlementaire. Ils doivent dans le même temps s'exprimer sur deux plans dissociés, participer à la société politique qu'ils contestent et développer un modèle autonome, dans ses principes et ses formes étranger aux acteurs qu'ils affrontent. Et cette contradiction, ils la rencontrent dans leur propre cercle lorsqu'ils doivent arbitrer entre la légitimité que l'élu tire du suffrage universel et celle que le militant puise dans l'organisation, microcosme de la société future.

« Nous avons tous pensé en France que demain, après la prise du pouvoir, la dictature du prolétariat serait exercée par les groupes du parti lui-même, devenant en vertu d'une fiction à laquelle nous acquiesçons tous, le représentant du prolétariat tout entier », déclare Léon Blum au congrès de Tours[1]. Un tel schéma n'est préservé de la tentation totalitaire que par la séparation rigoureuse qu'il pose entre le relatif du présent et l'absolu du futur. L'identification de la classe au parti est le produit de la raison et de la pédagogie, elle ne vaut que comme principe : pour l'instant et pour longtemps, il ne peut y avoir que fiction. C'est dire que, pris dans les exigences contradictoires de la démocratie imparfaite du libéralisme et de la démocratie idéale du socialisme, le parti doit composer : accepter de travailler, à l'extérieur, avec des outils qu'il n'a pas forgés ; construire, à l'intérieur, le modèle de l'organisation socialiste.

Expression limite de l'identification du politique et du social, les partis de tradition socialiste livrent la troisième leçon de la politique moderne. Le parti n'est pas seulement une instance de médiation entre le public et le privé ; il contribue à recomposer l'ordonnance des deux sphères et à brouiller le modèle libéral

1. L. Blum, « Le congrès de Tours », *in L'Œuvre (1914-1928)*, Paris, Albin Michel, 1972, p. 154-155.

de la représentation. Contre les principes de la démocratie parlementaire, il contribue à redonner vie à des formes d'incorporation de la société au pouvoir. Des libéraux qui se soumettent à l'épreuve de la représentativité aux socialistes qui trouvent dans le social tout le sens du politique, ces formes sans doute sont diverses mais toutes délivrent le même message : il n'y a jamais de politique autonome, il n'y a pas de représentation sans incarnation.

Voilà pourquoi le parti ne peut pas occuper pleinement le lieu que lui assigne la conception libérale. Sa fonction la plus assurée et sa seule légitimité lui viennent de ce que la société et l'État, l'individu et le citoyen, la sphère publique et la sphère privée ont été posés comme séparés. Cette pensée de la dualité appelle nécessairement, pour fonctionner, un tiers élément, une instance de médiation qui engage la statique binaire dans la dynamique trinitaire. Tantôt apprécié comme expression de la société, tantôt saisi comme organe de l'État, le parti retrouve la difficulté de la démocratie à articuler le politique et le social. En ce sens, il est bien comme toutes les instances intermédiaires qui, dans les compositions trinitaires, retrouvent en leur sein la nature des ordres qu'elles rapprochent. Regarde-t-il du côté de la société, il est tenté de la refléter à l'identique, de s'en faire le simple miroir : il est la classe comme le veut le marxisme, ou le peuple comme le disent le jacobinisme ou le gaullisme. Regarde-t-il du côté de l'État, il devient une institution autonome qui accapare le mandat que lui confient les citoyens. Des partis de masse ou d'électeurs, des partis de cadres ou des groupes parlementaires, comme le dit la science politique, mais toujours des instances mal adaptées à la médiation.

Il n'est d'économie de la séparation sans moyen de passer du deux au trois. En l'absence de ce troisième élément, c'est l'unité qui ne peut être atteinte. Or, bien entendu, toute la politique est appel et tension vers l'unité. Et le parti, dès lors, connaît dans son économie propre ce destin logique du tiers qui est de ne trouver jamais en lui-même sa propre fondation, de ne jamais être à lui-même son propre référent. Le parti, quel que soit le cadre, incarnatif ou représentatif, dans lequel se déploie son action, n'échappe pas à cette difficulté de la position tierce : il voit sa propre identité falsifiée par la dualité qu'il a pour raison de surmonter. C'est ainsi, notamment, que la partition entre privé et public qu'il a pour mission de traiter se révèle inassimilable par lui et vient rompre l'harmonie de son propre fonctionnement. Le parti, tiers élément du système de la séparation, est lui-même travaillé par la séparation, contaminé par la contradiction entre la dynamique sociale et la dynamique politique, entre la logique du privé et la logique du public.

Chapitre VIII

PENSER L'INTÉGRATION

Aucun des modes d'expression que l'on vient d'examiner n'ouvre sur une considération sans limites de l'Autre. La représentation des individus exige évidemment un cadre, une conception de l'organisation politique et sociale qui intègre mal l'expression des dissidences : de la Cour constitutionnelle de la République fédérale allemande qui, en 1956, a interdit le parti communiste à la constitution française qui, en 1958, a soumis la reconnaissance des partis au respect du suffrage universel, les jurisprudences ou les chartes fondamentales posent toujours des bornes à la tolérance. À l'opposé, les théories incarnatives des groupes sociaux soumettent leur reconnaissance, plus ou moins grande, de la compétition parlementaire, à des conceptions absolues de la société idéale qui supposent à terme la disparition de l'adversaire. Entre les deux pôles, tout un ensemble de compositions sont bien sûr possibles et il y a loin de la reconnaissance de l'opinion, relative et imparfaite, à la croyance en une vérité téléologique de l'histoire. Mais à observer les conflits partisans, la coexistence pacifique des croyances opposées est toujours fragile, enfermée dans les limites mêmes d'un politique mal accordé aux exigences du pluralisme. En ce sens, le parti ne fait jamais qu'accentuer le trait le plus saillant du politique : inséré dans une communauté contraignante et exclusive, le partisan se soumet à la pédagogie du vrai.

Opinion et vérité

Il y a trois manières, lorsqu'on aborde la question de l'opinion, de considérer le pluralisme. La première, qui appelle un retour sur la philosophie, considère les modes de conciliation entre le caractère incertain de l'opinion et la passion de l'individu pour la vérité, elle réfléchit sur les rapports de l'opinion à la vérité, du relatif à l'absolu. La deuxième, qui retrouve une problématique historique et sociologique, déplace le regard sur la légitimité du pouvoir. Ce n'est pas la figure du citoyen qui est ici première, mais bien plutôt celle du représentant : le risque de despotisme n'est plus recherché dans les contradictions du citoyen, dans la tension qu'il connaît entre l'affirmation de soi et la tolérance de l'Autre, mais dans la distance qui se creuse entre le pouvoir et le peuple. La troisième enfin, plus moderne, est aussi plus précise dans sa recherche des perversions de la démocratie : c'est ici le parti qui est le principal agent de déformation de l'opinion. Trois approches qui dessinent un triangle de l'opinion avec ses trois acteurs — l'individu, le représentant, l'organisation — et soulèvent le même problème, celui du juste pouvoir et des modalités d'expression des différences.

Le mot, à vrai dire, n'a pas un statut univoque dans la langue philosophique. L'opinion désigne le plus souvent le jugement incertain, mal établi et inconsistant, qui supporte peu le doute et les limites que la connaissance impose. Elle signifie aussi la renommée, la considération, la réputation. Le premier sens saisit la dimension individuelle du mot, le second sa portée collective, mais dans les deux cas l'opinion ne se comprend que dans un rapport d'échange : l'opinion appelle toujours le jugement de l'Autre[1]. On est loin ici de la rationalité, de la compétence réfléchie que suppose la notion d'opinion publique : l'opinion porte à l'exclusion, contredit la logique de l'argumentation.

Comment peut-elle alors se concilier avec le respect de l'Autre, la considération de l'adversaire ? Hobbes qui, le premier, a identifié conscience et opinion, foi et jugement, a aussi donné sur ce point la première réponse cohérente en reliant l'opinion et la raison à l'idée de souveraineté. Il n'y a pas de critère qui, pour Hobbes, permette de juger de la vérité. Semblables et raisonnables, les hommes ne s'accordent pas sur les chemins qui conduisent à la félicité. Égaux par leurs facultés spirituelles plus encore que par leurs forces, ils sont nécessairement conduits à préférer leur propre sagesse à celle des autres. Là réside le risque de guerre, dans l'impossibilité de dégager une droite raison, une mesure commune sur les choses sujettes à controverse : la guerre est tout à la fois le produit de l'égalité entre les hommes et de leur égal refus de l'égalité, elle est le risque permanent de l'état de nature où chaque individu qui se préfère aux autres est tenté par le désir de l'inégalité. À cette situation fermée le pouvoir souverain donne une solution. Il dégage les hommes de la tyrannie

1. J. Habermas, *op. cit.*, p. 99.

de leurs propres opinions en fondant en raison l'autorité légitime : « Puisque la droite raison n'existe pas, la raison d'un seul homme ou de plusieurs doit en tenir lieu ; cet homme ou ces hommes sont celui ou ceux qui ont le pouvoir souverain[1] ».

À l'éducation qui, selon les Grecs, devait assurer l'harmonie des opinions communes, Hobbes substitue la représentation de la volonté générale. Il résout le cercle infernal de l'égalité et de l'exclusion en inaugurant la tradition libérale où l'opinion, vidée de tout contenu, ne se définit plus que par sa source : l'individu. À l'idée de raison il oppose celle de souveraineté qui libère les hommes de la lutte sans fin de l'état de nature. Le pouvoir assure l'échange pacifié que l'égalité des hommes met en danger. En renonçant à faire prévaloir la supériorité de ses croyances, chaque citoyen se décharge sur l'État du fardeau de la domination, accepte d'aller de concert avec l'Autre.

Hobbes libère l'homme de la tentation du fanatisme et il le fait de manière originale, en associant ce qui passe pour antinomique, l'affirmation du souverain, de l'Un, et la considération des différences, en fondant la concorde sur le respect du pluralisme. Au contraire de celle de Leibniz, son harmonie ne laisse pas de place aux instances de médiation, aux corporations, aux associations, mais elle ne vise pas à l'uniformité. Libère-t-elle l'homme de la tentation de l'absolu ? Évidemment non. D'une part, parce que l'égalité introduit une autre conséquence, que l'observation de la société moderne

1. T. Hobbes, *Les éléments du droit naturel et politique.* Cité par L. Strauss, *La philosophie politique de Hobbes, op. cit.*, 1991, p. 226.

éclaire, celle du conformisme qui pousse à trouver dans la majorité, selon les termes de Tocqueville, « une foule d'opinions toutes faites[1] ». D'autre part, parce que la tentation du fanatisme risque de prendre une autre forme, celle que lui donne Rousseau : le pouvoir peut tolérer la diversité des opinions et, dans le même temps, s'attacher à libérer le peuple par la vertu, à le libérer de la médiocrité du quotidien.

L'expression de la libre opinion qui, chez Hobbes, était contrariée par l'affirmation de l'égalité bute en effet, chez Rousseau, sur un autre obstacle, celui de la dépendance sociale. Si la société est mauvaise, si la sociabilité naît de la faiblesse de l'homme, l'obéissance à l'opinion devient le signe de l'esclavage social. L'opinion détache l'individu de lui-même, le soumet aux autres : « Tel se croit le maître des autres, qui ne laisse pas d'être plus esclave qu'eux[2]. » S'en libérer n'exige pas le dénouement du lien social, mais il appelle une autre fondation. Pour Rousseau, l'individu échappe à la sujétion sociale quand il ne se soumet qu'à lui-même ; il suffit pour cela que la volonté à laquelle il se plie soit anonyme et neutre, qu'il n'obéisse pas à l'Autre mais qu'il obéisse à tous. La volonté générale n'élimine pas la menace de l'ennemi — celui-ci, refoulé de la nature

1. A. de Tocqueville, *De la démocratie en Amérique*, *op. cit.*, p. 434-435. Avec l'affirmation de la démocratie, les individus sont déchirés entre la passion d'être conduits et l'envie de rester libres : « Ne pouvant détruire ni l'un ni l'autre de ces instincts contraires, ils s'efforcent de les satisfaire à la fois tous les deux. Ils imaginent un pouvoir unique, tutélaire, tout-puissant, mais élu par les citoyens. Ils combinent la centralisation et la souveraineté du peuple » (*ibid.*, p. 648-649).

2. J.-J. Rousseau, *Du contrat social, in Œuvres, op. cit.*, t. III, p. 351.

animale de l'homme, est toujours présent en chaque citoyen —, mais droite et absolue, elle réconcilie l'individu avec le tout. Dans les termes de Dominique Colas, on dira que le fanatisme par la vertu libère ici l'individu de l'inflation du moi[1].

D'une approche anthropologique de l'homme, Rousseau comme Hobbes ne dégagent pas seulement une lecture de l'opinion exclusive et contraignante, ils déduisent aussi une conception du juste pouvoir qui assure la présence et l'expression de chaque individu dans la société. L'opinion mauvaise n'est réduite que par l'affirmation du souverain, la pluralité ne prend sens que dans la libre intégration de l'individu dans le tout.

La préservation du lien que cette approche tisse entre le citoyen et le politique dépend évidemment de la qualité de la représentation. Dans le triangle de l'opinion, le regard se déplace du citoyen vers le représentant, le thème de la trahison se substitue à celui de l'intolérance. On ne s'intéresse plus, dans cette perspective, à l'individu supposé mauvais ou abîmé par la société, mais à l'homme politique mis en cause dans sa fonction d'expression de l'opinion. L'expression est désormais qualifiée : la bonne se distingue de la mauvaise, la juste expression s'oppose à la représentation pervertie.

Dans la compréhension du pluralisme partisan, cette évolution est évidemment essentielle puisqu'elle situe dans le politique et non plus dans le social les dysfonctionnements de la société. Dans le discours jacobin,

1. D. Colas, *Le glaive et le fléau. Généalogie du fanatisme et de la société civile, op. cit.*, p. 233.

la critique de l'adversaire politique se concentre ainsi sur les mécanismes qui, dans une société politique imparfaite, gênent l'interprétation fidèle de la volonté populaire. Loin des citoyens, les délégués corrompus ne pouvaient connaître l'opinion qu'ils avaient pour mission de représenter : « Ils mettaient pour ainsi dire les mains sur le thermomètre en le consultant et prenaient pour la température de l'air la chaleur plus ou moins grande de leurs mains[1]. » Ils n'ont pas simplement oublié l'opinion de leurs mandants, ils l'ont déformée, corrompue. Voilà pourquoi le peuple doit être régénéré, purifié par l'esprit public, cette composition magique qui, sous la Révolution française, se distingue des volontés multiples, incohérentes et versatiles. Cette opinion qui, loin d'être antécédente, est, comme le note Mona Ozouf, conséquente, résulte d'un véritable travail de pédagogie[2].

Le juste représentant se distingue par sa capacité à tâter le pouls de l'opinion, à la toucher — mieux, à la reformuler. D'où tire-t-il ce privilège ? Il n'est pas nécessairement le député titulaire d'un mandat formel, il n'a pas davantage le privilège du nombre. Il exprime la *sanior pars*, il est le « nous » ou mieux le « on », comme le montre l'abbé Grégoire dans ses *Mémoires* où il rapporte les débats du club breton à la séance royale du 23 juin 1789 : « La première résolution fut celle de rester dans la salle malgré la défense du roi. Il fut convenu qu'avant l'ouverture de la séance nous circule-

1. Sébastien Mercier, cité par Mona Ozouf, « Esprit public », *in* F. Furet et M. Ozouf, *Dictionnaire critique de la Révolution française*, *op. cit.*, p. 711.
2. *Ibid.*, p. 715.

rions dans les groupes de nos collègues pour leur annoncer ce qui allait se passer sous leurs yeux et ce qu'il fallait y opposer. “Mais, dit quelqu'un, le vote de 12 à 15 personnes pourra-t-il déterminer la conduite de 1 200 députés ?” Il lui fut répondu que la particule *on* a une force magique ; nous dirons : voilà ce que doit faire la cour et parmi les patriotes *on* est convenu de telles mesures. *On* signifie 400 comme il signifie 10. L'expédient réussit[1]. » Ici, la restauration par le politique de l'opinion vraie n'a plus pour but de permettre le respect de l'altérité, mais bien plutôt de recomposer une unité. L'opinion s'écrit au singulier.

Quand l'opinion devient ainsi un enjeu entre les représentants, c'est la nature même du pluralisme qui s'en trouve changée. Le pouvoir ne se définit plus par sa légitimité, par sa source — l'élection —, il s'apprécie par son contenu[2] à l'aune du juste et du vrai. Le mécanisme de l'incarnation reprend ses droits et avec lui s'impose une nouvelle lecture du despotisme assimilé à l'usurpation du pouvoir souverain. À ce dernier, Hobbes laissait le soin d'assurer la libre confrontation que ne permet pas l'opinion abandonnée à elle-même ; le jacobinisme dans son expression extrême inverse le mécanisme : c'est le pouvoir qui a corrompu une opinion bonne dans son essence, c'est le pouvoir qui doit la régénérer. Le lieu sur lequel il faut travailler est celui de la représentation.

Veut-on trouver le troisième sommet du triangle de

1. Cité par R. Halévy et P. Gueniffey, « Clubs et sociétés populaires », *ibid.*, p. 496.

2. Cf. L. Jaume, « Légitimité et représentation sous la Révolution : l'impact du jacobinisme », *Droits* (6), 1987, p. 57-67.

l'opinion, celui du parti ? Il suffit de relire Ostrogorski. Tous les régimes, juge celui-ci, reposent en dernière analyse sur l'opinion. Mais alors que dans les gouvernements libres celle-ci s'affirme dans la discussion, elle est dans les autres régimes déterminée par le préjugé et le sentiment figés dans la tradition. Le parti stérilise l'opinion, ne tolère pas la dissidence : « Un citoyen a beau posséder le droit de parler et d'écrire, on lui ferme la bouche en déclarant que son opinion est une insulte à l'honneur du parti, à son glorieux drapeau, une offense à la régularité[1]. »

L'analyse se situe évidemment sur un autre plan que celui emprunté par le discours jacobin. Ostrogorski observe en sociologue le fonctionnement des organisations politiques et il en décèle les perversions. Mais on remarquera que si les conclusions diffèrent, les termes utilisés sont bien les mêmes que ceux sur lesquels on vient de réfléchir. Hume déjà, à un moment où le parti moderne ne s'était pas encore développé, soulignait le rôle de l'opinion dans l'exercice du pouvoir politique. Tous les régimes laissent à une minorité le soin de gouverner le plus grand nombre et tous s'appuient sur l'opinion qui permet d'obtenir soumission et sacrifice. Mais seuls les gouvernements libres reposent sur une allégeance consentie, enracinée dans les passions, le temps et la tradition. L'individu se soumet par obligation morale et par intérêt, parce que sa pensée et son bien sont aussi la pensée et le bien de tous. Le contraire du despotisme, où l'intérêt des gouvernants ne coïncide pas avec les lois de la justice et la poursuite du bien

1. M. Ostrogorski, *op. cit.*, p. 673.

public[1]. Si l'on ignore un instant la place laissée à la tradition, le jugement est bien le même : un bon gouvernement, pour Hume, est indépendant, impartial par rapport aux groupes d'intérêts particuliers ; une bonne démocratie, pour Ostrogorski, échappe à l'emprise des partis politiques.

C'est dire que si les partis redéfinissent les rapports entre l'opinion et le pouvoir, ils ne changent pas radicalement la nature d'une question bien antérieure à la forme qu'ils ont prise aujourd'hui. Comment expliquer alors la responsabilité qui leur est attribuée ? Sans doute par le brouillage que la double nature, publique et privée, de l'organisation a introduit dans les démocraties modernes. Paradoxalement, le caractère secret de l'organisation rend plus visibles les distorsions entre le politique et l'opinion, alimente les fantasmes sur le pouvoir qui corrompt et détourne à son profit le bien public. Les cercles où l'on négocie et parlemente apparaissent toujours comme des lieux où se fomente l'indicible. « L'esprit s'accoutume plus aisément à souscrire aux opérations d'un seul homme ou d'un petit nombre, qui agissent d'après une délégation générale de l'État, qu'à reconnaître le vote victorieux d'une majorité aux délibérations de laquelle chaque individu se trouve avoir part[2] » : transposée aux partis politiques, la remarque de Burke souligne avec encore plus de force la difficulté de l'acteur comme de l'observateur à penser la délibération. Un peu secte, un peu société secrète, le

1. D. Hume, *op. cit.* On lira avec profit sur ce point l'introduction de Raymond Polin, *ibid.*, p. 16-18.

2. E. Burke, « Appel des whigs modernes aux whigs anciens », *in Réflexions sur la révolution de France, op. cit.*, p. 457.

parti paraît perdre dans son cercle intérieur les bienfaits qu'il peut tirer de la fonction indispensable de médiation qu'il remplit dans les démocraties.

Il convient de ne pas confondre démocratie dans le parti et démocratie dans le tout, rappellent les critiques de Michels. L'observation doit aussi être appliquée à Ostrogorski qui, dans la longue conclusion de son livre, mêle sans grande distinction les deux points de vue.

Premier temps de l'analyse, l'opinion comprime l'individu et stérilise son courage : « L'homme qui a le courage de son opinion est bien rare en démocratie, il faut qu'il soit presque un héros pour affronter la multitude : elle est si nombreuse, si envahissante ; où se réfugierait-il, à qui demanderait-il aide et protection contre elle, puisque chacun en fait partie[1] ? » Il ne s'agit pas là d'un défaut formel que peut résoudre un aménagement des institutions ; la meilleure organisation des pouvoirs publics ne peut rien contre la médiocrité générale et la lâcheté des citoyens, et il ne sert à rien, comme le propose Tocqueville, d'agir sur les formes.

Deuxième temps, le parti ne fait que développer et entretenir cette tendance par son culte de la majorité et sa recherche de la soumission servile : « Toutes les leçons que le citoyen y reçoit sont des leçons de lâcheté ; la première, qui enseigne qu'il n'y a pas de salut pour un citoyen en dehors d'un parti permanent, le prépare à toutes les abdications et à tous les effacements[2]. » Le parti enferme l'individu et abaisse le niveau de la démocratie.

Le jugement à vrai dire n'est pas clair dans la mesure

1. M. Ostrogorski, *op. cit.*, p. 668.
2. *Ibid.*, p. 672.

où Ostrogorski glisse en permanence de l'observation du *caucus* à l'analyse du système de partis, du militant au citoyen. Mais cette ambiguïté même permet de libérer la solution qui contredit pourtant le premier élément de l'analyse : puisque le formalisme de l'organisation exaspère les effets pervers de la démocratie, il suffit — troisième temps — de renoncer aux partis rigides, « omnibus », et de leur substituer des associations *ad hoc*. Le parti qui n'était d'abord que l'expression détestable d'une maladie liée à la nature même de la démocratie devient le seul obstacle à la libération du citoyen. La forme prend le pas sur l'esprit, le tout ne s'explique plus que par la partie.

À déplacer le regard sur l'opinion, il se confirme ainsi que le parti n'est qu'une illustration, partielle et très mutilante, de la question du pluralisme. Il n'est guère possible de réfléchir sur l'organisation sans engager une réflexion sur le citoyen, sans postuler une identité de l'individu en société et en politique. Abandonnez le parti et vous trouverez dans toute sa pureté l'opinion, dit Ostrogorski ; libérez le peuple de l'emprise du représentant et vous rétablirez la juste opinion, corrige le jacobin ; instituez un souverain et vous assurerez dans l'égalité l'échange des opinions, considère Hobbes. Des lectures qui dévoilent deux conceptions tout à fait opposées de la nature humaine : celle, optimiste, irénique, qui appelle simplement une libération de l'opinion, celle, prudente, sceptique, qui insiste sur la régulation des passions ; l'une en somme qui concentre les responsabilités sur le politique, l'autre qui, au contraire, cherche dans le politique la rédemption d'un individu toujours saisi par la tentation de l'absolu. Deux conceptions qui tolèrent mal le compromis et rendent difficile l'arbitrage mais qui, chacune à leur manière, nous alertent sur les rapports de l'individu à l'Autre, qu'il soit représentant ou simple citoyen. Deux conceptions qui retrouvent la question de l'unicité dans ses rapports à la totalité.

Stirner, on s'en souvient, opposait l'unicité concrète du sujet aux altérités abstraites qui l'aliènent, l'autonomie du moi à l'hétéronomie du nous. Dans la fiction représentative comme dans le mensonge partisan, c'est bien apparemment le même effacement du sujet, la même abdication du singulier qui se trouvent stigmatisés. Mais tandis que la révolte contre la totalité au nom de l'unicité retrouvait inévitablement dans ce rejet de l'unité politique, l'incorporation religieuse — parce que la question que rencontre l'unique est celle, invincible, du Même et de l'Autre —, la protestation contre la représentation laisse au contraire l'individu seul aux prises avec la question de l'altérité. Dans le cadre d'une pensée de la séparation, hors de toute sujétion de l'ordre politique à l'ordre religieux, l'altérité ne peut plus prendre la figure radicale du divin et par là même rendre le sujet libre de la question de l'Autre. Dès lors, la posture de l'unicité ne fait, en politique, que déplacer l'interrogation. On peut quitter le cercle de la représentation et de l'organisation où l'Autre est réduit au Même, la question se pose à nouveau du côté des rapports du citoyen et de la démocratie, c'est-à-dire encore du singulier et du total. L'altérité est ici fondamentalement intraduisible, elle renvoie toujours au scandale du multiple.

La vérité de l'organisation

Convient-il alors d'« absoudre » le parti, de rejeter le jugement définitif que les premiers sociologues ont porté sur lui ? La conclusion sera nuancée. Le parti n'a pas introduit une conception totale de l'opinion mais il a bien accentué cette tendance. Il suffit pour le mesurer de distinguer soigneusement les éléments de la trinité partisane, d'isoler le rapport que le cercle intérieur entretient avec la vérité.

Lorsqu'ils parlent de leur groupe, les militants retrouvent le plus souvent la langue du privé. Le parti c'est une famille où il faut se serrer les coudes, qu'on doit jalousement protéger de l'influence extérieure. Celle-ci est toujours un danger puisqu'elle vient des non-initiés, de ces citoyens inaccomplis qui n'ont pas compris la supériorité de l'engagement. Ici, à condition d'être amendée, la problématique de Carl Schmitt peut trouver une juste application : l'Autre est plus que l'adversaire ou le concurrent, il est l'ennemi qui menace l'intégrité du groupe. « L'ennemi, dit Schmitt, ce ne peut être qu'un ensemble d'individus groupés, affrontant un ensemble de même nature et engagé dans une lutte pour le moins virtuelle, c'est-à-dire effectivement possible. L'ennemi ne saurait être qu'un ennemi public, parce que tout ce qui est relatif à une collectivité, et particulièrement à un peuple tout entier, devient de ce fait affaire publique[1]. » Dans ce cadre, comme l'a remarqué Leo Strauss[2], le politique retrouve l'état de

1. C. Schmitt, *La notion de politique, op. cit.*, p. 69.
2. L. Strauss, « Commentaire sur la notion de politique », *in* H. Meier, *C. Schmitt, L. Strauss, et la notion de politique, op. cit.*

nature mais il ne le retrouve justement que parce qu'il met en jeu des conflits en quelque sorte prépolitiques, plus privés que publics. C'est dire qu'on est plus près de la conception hobbienne que du *status naturalis* de Schmitt : l'exclusion de l'Autre n'est jamais aussi forte que lorsqu'elle met en jeu des réflexes communautaires.

Quand ses intérêts sont en cause, l'organisation peut ainsi préférer à ses valeurs apparemment les plus importantes la protection du groupe. S'affirme alors dans toute sa démesure l'esprit de parti, en un sens plus pervers que la raison d'État puisqu'il peut ouvertement contredire les principes dont se réclame l'organisation. La pensée médiévale, qui avait du mal à concilier les exigences de l'éthique et du pouvoir, posait le caractère exceptionnel de la raison d'État et, à l'inverse, c'est parce qu'il postulait la méchanceté de l'homme, la permanence du conflit, que Machiavel reconnaissait aux gouvernants le pouvoir de prendre à tout moment des mesures contraires à la morale. L'esprit de parti n'a pas cette cohérence : il peut s'appuyer sur un fondement qui le contredit, exclure, faire taire ou se taire sans renoncer à son code de valeurs.

Cette contrainte à laquelle aucun parti n'échappe totalement s'exprime avec d'autant plus de force que l'ambition d'intégration des militants est totale et l'organisation structurée. Dans les sociétés de pensée sous la Révolution française, dans les partis ouvriers jusque dans les années les plus récentes, s'expriment ainsi des réflexes d'unanimité et d'autarcie qui laissent peu de place à la dissidence et à l'ouverture. Club sans fenêtres, la société de pensée fonctionne en vase clos, « à l'abri du contact de la vie réelle ». Le moyen prend le pas sur la fin, devient lui-même une fin[1]. L'opinion autorisée y règne sans partage, garantie par l'épuration périodique et par la communication intérieure, par la circulaire qui, comme le notait Michelet, est là pour requérir l'adhésion, imposer les brusques changements de politique, générer le consensus[2]. Poussée à son extrême par la conception léniniste, cette recherche de l'absolu se retrouve aussi dans les formations social-démocrates pourtant construites sur le principe du pluralisme intérieur. Dans les moments de crise en particulier, tout concourt ainsi à assurer le respect de la règle et à imposer l'image d'une organisation fraternelle et soudée : le secret des délibérations, l'ignorance des minorités, l'interdiction des libres opinions dans la presse intérieure. C'est alors tout le paradigme communautaire qui est réactivé : le parti est une sorte de mécanique parfaite qu'il faut protéger des mélanges délétères.

Le discours scientifique du totalitarisme, écrit Claude Lefort, « n'est le discours de personne, il est discours du parti, corps idéal de révolutionnaire, qui passe à travers chacun de ses membres. Chacun se voit impliqué dans un *nous* qui impose un clivage avec le dehors ; les choses du monde, dont on parle tant, n'étant appréhendées que reportées dans l'enceinte imaginaire de l'Histoire dont le parti est le dépositaire. Et tandis que le militant est incorporé, le supposé réel est voué à l'assi-

1. Augustin Cochin note ce point déjà souligné par Ostrogorski pour le *caucus* et par Roberto Michels pour la social-démocratie allemande.

2. Cf. P. Gueniffey, R. Halévy, « Clubs et sociétés populaires », *in* F. Furet et M. Ozouf, *op. cit.*, p. 500.

milation[1] ». Appliquée à l'ensemble des organisations politiques, l'observation devrait être nuancée mais elle ne perdrait pas sa pertinence. Le parti est toujours une institution fermée qui organise sa représentation du monde sur le mode amis/ennemis. Ce qui passe dans le tout pour expression de la démocratie devient en son sein une manifestation insupportable de division : la différence devient fraction, le courant, la tendance se réduit à la banale expression des intérêts sectaires et particuliers. Pour l'exprimer en raccourci, le parti ne tolère pas la partie.

Il faut d'ailleurs aller plus loin, retrouver tout ce qui au sein même du parti reproduit ce qui se passe dans le tout. Et là aussi le parti peut apparaître comme un laboratoire exemplaire de la démocratie, un lieu où s'amplifient les contradictions et où se libèrent les passions ambiguës. Ainsi, pour reprendre l'un des critères sur lesquels s'est opérée, dans le mouvement ouvrier, la scission entre communisme et socialisme, il est remarquable que la tendance soit, aux yeux des militants sans doute mais plus largement pour l'ensemble des citoyens, une pathologie qu'il faut réduire alors qu'elle était à l'origine conçue comme le seul mode d'organisation possible du pluralisme. Comme elle concentrait les deux refus que l'on a déjà notés : la tendance forme aggravée de division, la tendance encadrement insupportable du citoyen engagé.

Le parti a ainsi comme une double nature qui éclaire le caractère incertain de la démocratie. À l'intérieur, il

1. C. Lefort, *L'invention démocratique. Les limites de la domination totalitaire*, Paris, Fayard, 1981, p. 165.

présente tous les traits de la communauté où, comme le disait Tönnies, se retrouvent ceux qui s'aiment et se comprennent. Ses membres, il les considère un peu comme des soldats qui doivent obéissance et fidélité. Se plient-ils ? Ils acquièrent progressivement les attributs de l'ancien qui a vécu les grandes batailles et sait « de quoi il parle ». Se rebellent-ils ? Ils risquent l'exclusion, l'ostracisme, cette sorte de bannissement que la morale internationale réprouve lorsqu'il est exercé par l'État : à l'intérieur, il est bien dans une situation proche de l'état de nature. À l'extérieur, au contraire, il retrouve une éthique et des comportements plus conformes au système dans lequel il évolue ; il devient une société respectueuse de règles qu'il n'a pas nécessairement posées — impersonnalité, neutralité affective, respect du privé.

Bien sûr, le parti est toujours tenté de faire prévaloir sa norme à l'extérieur, comme le prouvent les tensions — autrefois fréquentes dans les formations socialistes — entre l'appareil et les élus. Mais lorsqu'il s'exprime dans le cadre du tout, il ne peut pas utiliser les instruments qu'il privilégie pour imposer à ses membres le vrai. À cet égard, l'adversaire de l'extérieur est dans une situation plus claire que celui de l'intérieur. Rejeté pour son expression du passé, de l'argent ou des groupes particuliers, il est rigoureusement qualifié quand le second est au contraire passible de toutes les sanctions, de la réprimande à l'exclusion.

Ainsi éclairée, la question de la démocratie dans les partis prend un autre sens. Les organisations politiques ne sont pas, comme le pensait Michels, un microcosme qui pourrait révéler l'identité de la démocratie. Elles sont au contraire une enclave dans un régime qu'elles contribuent à faire fonctionner : elles peuvent échapper à toute règle, connaître l'exception de juridiction. Éléments d'organisation du pluralisme à l'extérieur, elles sont toujours tentées de fonctionner à l'intérieur sur le modèle de l'Un.

On ne saurait bien sûr faire de ce point une règle absolue. Les sociologues des organisations qui ont cru induire de leurs observations une loi, permanente et générale, de la représentation ont négligé l'identité, toujours originale, de leur objet : le *caucus* d'Ostrogorski, le parti de masse de Michels, la société de pensée de Cochin. Ce qui, dans l'analyse des régimes politiques, apparaît essentiel a perdu, avec eux, toute valeur. Comme s'il n'y avait aucune différence entre les modes d'organisation du pouvoir, ils ont rassemblé dans un même regard l'aristocratie et la démocratie, l'oligarchie et la monocratie. Ils n'ont pas seulement tenu pour négligeable l'importance des constitutions partisanes, ils ont aussi sous-estimé la relativité des mœurs et l'importance de l'état d'esprit qui gouverne les relations entre les individus en politique. Bref, ils ont toujours préféré travailler sur ce qui rassemble plutôt que sur ce qui distingue.

Il faut donc dire que la leçon délivrée par le parti est d'autant plus riche que celui-ci accorde pleinement ses principes et sa pratique. Rappeler que l'exemple limite n'a jamais que la valeur d'un idéal type, la forme d'une caricature qui accentue des traits que les autres formations révèlent sur un mode atténué. Le parti libéral, conservateur ou démocrate chrétien, n'a pas les attributs de la social-démocratie et celle-ci n'est qu'une pâle image du parti communiste. Pour se limiter à ces deux derniers modes d'organisation, il est aisé de relever la communauté d'inspiration : l'identification du parti à la classe, l'ambition d'effacer la frontière entre le politique et le social, la croyance dans une unification ultime du peuple. Mais là — et c'est déjà beaucoup — s'arrêtent les convergences. Car si tout fonctionne bien dans ces deux versions du socialisme sur le mode de l'Un, résistent au sein de ce cadre commun deux manières très différentes de concevoir l'altérité. Rosa Luxemburg l'a dit : « La démocratie socialiste ne commence pas seulement en Terre promise lorsque l'infrastructure de l'économie socialiste est créée, ce n'est pas un cadeau de Noël tout prêt pour le gentil peuple qui a bien voulu entre-temps soutenir fidèlement une poignée de dictateurs socialistes. La liberté pour les seuls partisans du gouvernement, pour les seuls membres d'un parti, si nombreux soient-ils, ce n'est pas la liberté. La liberté c'est toujours au moins la liberté de celui qui pense autrement[1]. » La remarque est pour nous essentielle : il ne suffit pas de noter que, dans le conflit infini qui l'oppose à l'Un, le multiple ne bénéficie pas de l'égalité des armes. Il faut aussi retrouver tout ce qui, par un processus apparemment paradoxal, lui assure malgré tout sa place en démocratie. Le parti ne peut jamais aller jusqu'au terme de son absolu lorsqu'il accepte les règles du débat politique. Ses limites, il les rencontre justement dans l'absolu de l'Autre auquel il accepte de se confronter. En ce sens, il n'est pas excessif de dire que le pluralisme trouve sa meilleure assurance dans le conflit des conceptions unitaires. Le parti peut se donner dans son cercle intérieur comme un tout, il peut aspirer à convaincre l'adversaire jusqu'à le subvertir, il est au fond toujours engagé dans une banale négociation où les plus grandes ambitions se résorbent dans la logique du compromis final.

1. R. Luxemburg, *op. cit.*, p. 68.

CONCLUSION

S'il nous est apparu nécessaire de déplacer la question de la nature de l'identité partisane du côté de l'interrogation philosophique concernant les rapports de l'Un et du multiple puis de la totalité et de l'unicité, c'est bien parce que le parti est d'abord le plus souvent perçu comme agent de traduction de nombreux clivages en une position unique, de rassemblement des multiples opinions singulières en une totalité unifiée par l'organisation et la doctrine : sa fonction première au regard de la dispersion et de l'agrégation des opinions consiste dans une certaine confection de l'unité. En même temps, nous l'avons noté, le parti est facteur de division, de séparation. Il agrège et rassemble en même temps qu'il sépare et divise. Parce qu'il agrège des opinions singulières et des individus séparés, il est facteur d'unification. Parce qu'il exclut tous ceux qui ne se reconnaissent pas dans son projet, il est facteur de séparation et de division. Le rejet du parti exprime ainsi tout à la fois l'échec du multiple et celui de la médiation. Mieux, il éclaire la difficulté de la démocratie à distinguer et intégrer les deux formes, que l'on pourrait nommer horizontale et verticale, du pluralisme.

La première forme est la plus évidente. C'est elle que la philosophie politique et la sociologie ont d'abord considérée en la reliant à l'exigence de consensus et d'unité. Il fallait concevoir l'expression de la différence sur la base d'une grammaire commune, d'un code sur lequel puissent s'accorder les membres d'une société. Le consensus, comme le mot l'indique, suppose l'acte de consentir, la volonté de l'individu ou du groupe de s'associer aux autres[1] : pas de société sans solidarité interne, sans « vouloir vivre ensemble » ; pas de société démocratique sans reconnaissance mutuelle des différences et des autonomies. Caractéristiques de cette tension, les formules doivent ainsi jouer sur l'union des contraires : l'unité par la multitude (Pascal) ; l'antagonisme comme « insociable sociabilité des hommes » (Kant) ; le « désaccord raisonnable » (Rawls). De manière révélatrice, c'est sur ce point que l'auteur de *Théorie de la justice* a dû réfléchir lorsqu'il a précisé, face à ses critiques, sa conception du politique. La démocratie, telle que la conçoit Rawls, repose sur la coexistence et la confrontation de doctrines compréhensives, générales qui aspirent à couvrir « toutes les valeurs et toutes les vertus reconnues à l'intérieur d'un système de pensée unique[2] ». Elle ne s'accorde avec le pluralisme que dans la mesure où elle échappe à la détermination d'une référence philosophique particulière. Politique, elle exige nécessairement le recours à la

1. S. Moscovici, W. Doise, *Dissensions, consensus*, Paris, PUF, 1992, p. 12.

2. J. Rawls, *Justice et démocratie*, trad. fr., Paris, Le Seuil, 1993, p. 333 (1re éd. 1978-1989).

domination et à la coercition ; libérale, elle doit respecter la diversité des croyances. Il lui faut à la fois réguler et libérer l'expression d'idéaux qui sont parfois opposés ou incommensurables. Chacun de ces idéaux est acceptable s'il respecte les limites imposées par les principes de la justice politique, s'il se soumet à l'épreuve du « consensus par recoupement ». L'*overlapping consensus*, c'est cet accord proprement politique qui ne procède pas par convergence ou identification mais qui inclut toutes les doctrines philosophiques et religieuses opposées.

Plus qu'un simple *modus vivendi*, ce consensus suppose une adhésion commune à une conception politique et morale de la justice, mais il ne permet pas l'affirmation d'une communauté étatique, unifiée par une même doctrine compréhensive et générale. Il ne peut s'affirmer que dans une démocratie libérale qui accepte la libre confrontation des opinions et des conceptions ; en se sens, son ambition est nécessairement limitée au cercle de la vie publique, ne peut s'étendre, comme le voulaient par exemple Kant et Stuart Mill, à des « idéaux moraux complets » comme l'autonomie et l'individualité. Le libéralisme lui-même, quand il englobe toutes les formes de la vie, devient une doctrine sectaire parmi d'autres[1].

La conception de Rawls qui apparaît comme l'analyse la plus récente et la plus achevée sur le consensus bute pourtant sur les limites que rencontrent toutes les réflexions sur le pluralisme. Rawls tente de trouver une voie médiane entre la lecture hobbienne du libéra-

1. *Individu et justice sociale. Autour de John Rawls*, Paris, Le Seuil, 1988, p. 303.

lisme, simple *modus vivendi* garanti par la convergence d'intérêts individuels ou de groupes, coordonné et équilibré par les dispositions constitutionnelles, et la doctrine morale et compréhensive de Kant et de Mill. Il n'ignore pas que la société démocratique est un champ où s'affrontent des conceptions absolues qui bornent la place laissée à la tolérance et au respect de l'Autre, mais il pense aussi que l'expérience de l'altérité et la sociabilité démocratique contribuent à inscrire dans chaque individu une sensibilité aux idéaux et aux valeurs pluralistes : avec le temps, après trois siècles de développement de pensée démocratique, s'est forgée une culture politique fondée sur le consensus et non sur la vérité. Le citoyen peut, dans l'ordre privé, s'appuyer sur des références générales et exclusives, il est, dans l'espace public, guidé par la même recherche de la justice politique, le désir qu'il partage avec les autres de voir les institutions politiques et sociales rendre une égale justice à tous.

La valeur de la théorie suppose évidemment qu'une frontière ferme et précise puisse être ainsi tracée entre le privé et le public, que l'individu puisse clairement discerner entre le domaine qu'il réserve à l'absolu et celui qu'il consent au relatif. Comme l'écrit Catherine Audard[1], il est difficile de borner des idéaux qui ont profondément recomposé le paysage culturel des sociétés occidentales et qui irradient la vie privée des individus : à se limiter au public, une théorie de la justice devient un cadre neutre qui s'appuie davantage sur l'indifférence que sur la véritable confrontation des opinions. On ajoutera que l'allégeance au disposi-

1. *Ibid.*, p. 187.

tif libéral n'est peut-être pas, comme le pense Rawls, donnée sous la forme du don et du contre-don, accordée dans la mesure où chacun pense que les autres aussi y obéiront. La psychologie sociale montre en effet que le consensus ne se forge pas nécessairement sur une position moyenne mais se fait aussi sur des choix extrêmes : l'individu qui s'implique dans les discussions collectives, qui attribue de l'importance aux enjeux et dont les opinions sont éloignées de celles auxquelles il s'oppose, s'engage plus facilement sur un terme risqué que sur un compromis. Il n'y a pas, comme on l'a parfois suggéré, « une tendance fondamentale à tempérer ses opinions et sa conduite par déférence pour les opinions et la conduite des autres[1] », mais bien plutôt une norme du consensus extrême : S. Moscovici et W. Doise l'ont souligné de manière convaincante, « dans les groupes où la distance entre les individus est grande, après le consensus, les opinions individuelles restent plus extrêmes que lorsque cette distance est petite. Plutôt que de converger sur une valeur moyenne, des groupes composés d'individus ayant des attitudes ou jugements très différents, voire entièrement opposés, auront une forte propension à polariser[2] ».

Rawls fait référence dans sa *Théorie de la justice* à la démarche du linguiste qui tente de comprendre le « sens grammatical » que chaque locuteur donne à sa propre langue. Mais celui-ci justement ne se fixe jamais sur une option moyenne propre à obte-

1. F. H. Allport, *Social Psychology*, Boston, Houghton Mifflin, 1924. Cité par S. Moscovici et W. Doise, *op. cit.*, p. 55.
2. S. Moscovici et W. Doise, *op. cit.*, p. 105.

nir l'adhésion de tous les protagonistes ; il est, selon les circonstances, maître de sa langue ou soumis à une norme qu'il n'a pas posée, libre de composer des phrases selon son propre code ou contraint d'adhérer au parler qui a cours dans les lieux où il s'exprime. Le citoyen des sociétés démocratiques est dans la même incertitude : il n'a pas de statut ou d'identité sociale définie ; il paie son indépendance d'une indétermination qu'il ne peut jamais totalement surmonter. À la manière de ces individus décrits par Durkheim qui, en situation d'anomie, ne savent plus ce qu'ils doivent faire ou ne pas faire, il peut avoir, en particulier dans les situations de crise, le sentiment de ne plus trouver sa place. Il est alors toujours tenté par la restauration de l'Un : l'Un devient pour lui la seule assurance contre toutes les menaces de dissociation [1]. Ce n'est plus de compromis qu'il rêve alors mais bien plutôt de totalité ; ce n'est plus sur une voie moyenne qu'il se fixe mais bien plutôt sur le consensus de l'extrême.

Dans cette tension vers l'Un se trouve évidemment déjà engagée la deuxième dimension, verticale, du pluralisme que l'on voulait poser, celle qui met en relation le citoyen et ses représentants. Pourquoi parler ici encore de pluralisme alors que la division du travail politique, plus fonctionnelle que démocratique, est une constante de tous les régimes politiques, apparemment sans lien direct avec la question qui nous occupe ? Claude Lefort, dans la lecture qu'il a donnée de Machiavel, nous éclaire sur

1. Cf. sur ce point C. Lefort, *Essais sur le politique. XIXe-XXe siècle*, Paris, Le Seuil, 1986.

ce point[1]. Machiavel en effet, à la différence des Anciens, ne voit pas dans la loi l'instrument qui permet de contenir les désirs de la multitude ; ces désirs ne nuisent pas nécessairement à la stabilité de la société. Bien au contraire, ils sont positifs dans la mesure où ils expriment la volonté de liberté. Toute société, juge Machiavel, est tendue entre deux exigences contraires, deux « humeurs », celle du peuple qui ne veut pas être commandé, opprimé par les grands, celle des grands qui veulent commander, opprimer le peuple. Immuable, ce conflit contribue à la puissance d'un État si, dans l'équilibre des armes, le peuple parvient à échapper à l'oppression des grands : « Aucun exemple à mon gré ne prouve mieux la puissance de notre cité que celui de nos dissensions, qui auraient suffi pour anéantir un État plus grand et plus puissant, tandis que Florence parut toujours y puiser de nouvelles forces[2]. » Comme le note Claude Lefort, Machiavel ne se contente pas ici de reprendre sous une autre forme la division universelle des riches et des pauvres soulignée par Aristote : « La division en fonction de laquelle s'agence la société n'est pas une division de fait, ce n'est pas une division qui est l'effet d'une nécessité "naturelle" surgie de la rareté des biens ; elle est celle de deux désirs (commander, opprimer, ne pas être commandé, opprimé) qui ne se définissent que l'un par l'autre[3]. » Machiavel ne néglige

1. C. Lefort, *Le travail de l'œuvre. Machiavel*, *op. cit.* ; « Machiavel et la *verità effetuale* », *in Écrire. À l'épreuve du politique*, Paris, Calmann-Lévy, 1992, p. 141-179. Cf. aussi sur ce point Q. Skinner, *Machiavel*, trad. fr., Paris, Le Seuil, 1989 (1re éd. 1981), p. 113-115.

2. Machiavel, *Histoires florentines*, préface citée par C. Lefort, *Écrire. À l'épreuve du politique*, *op. cit.*, p. 166.

3. *Ibid.*, p. 167.

certes pas la nécessité de la concorde, mais celle-ci ne peut reposer sur l'ignorance des désirs qui s'opposent dans toute société : la république est libre lorsqu'elle vit sur la confrontation des deux désirs, elle est inaccomplie quand elle l'ignore. Loin de l'ontologie aristotélicienne de l'avoir, Machiavel propose une lecture de la division sociale[1] où les classes se définissent l'une par l'autre autour de l'enjeu de l'oppression et non pas principalement pour la possession ou la défense des biens matériels.

Cette forme de division, on peut la qualifier de pluralisme dans la mesure où c'est bien de l'opposition et du concours entre les dominants et les dominés que naît la société libre, dans la mesure où la liberté exige l'expression de la multitude, toujours plus sage et plus constante que le prince. Machiavel croit au bienfait de l'agitation dans une république, mais il note aussi que ce pluralisme s'exprime toujours sous la forme du conflit : les désirs ne vont pas de conserve, ils se heurtent et chacun est toujours tenté d'aller jusqu'au bout de son combat. Autrement dit, pas plus que le pluralisme horizontal, le pluralisme vertical ne s'accorde vraiment avec la recherche du compromis et de la voie moyenne. Le conflit se résorbe lorsque le peuple trouve dans le pouvoir une solution à son attente de l'unité : le prince prend alors la figure du Même qui réconcilie et soude les membres de la société ; le conflit au contraire s'exaspère quand les

1. Sur ce point, cf. P. Manent, « Vers l'œuvre et vers le monde. Le Machiavel de Claude Lefort », *in* C. Habib et C. Mouchard, *La démocratie à l'œuvre. Autour de Claude Lefort*, Paris, éd. Esprit, 1993, p. 169-190.

représentants prennent une forme ambiguë, prétendent exprimer l'intérêt général mais renforcent par toutes leurs manifestations le poids des tendances centrifuges.

C'est évidemment là que le parti prend toute sa charge négative. Il organise et structure les différences, il propose une grammaire commune sans laquelle la communication démocratique serait impossible, il permet aux citoyens de donner sens aux mots, de composer des phrases qui, sans lui, n'auraient ni ordre ni logique. Mais, par la place qu'il occupe à l'intersection des sphères publique et privée, il ne parvient à figurer positivement ni le pluralisme horizontal ni le pluralisme vertical. Il fait obstacle au consensus des égaux puisqu'il se donne pour une expression totale et exclusive de l'intérêt général ; il ne peut incarner le désir d'unité puisqu'il reproduit dans l'ordre politique les divisions du social[1]. Il est à la fois partie et parti.

Le parti est ainsi exemplaire de ce que Simmel présente comme l'opération fondamentale de la connaissance : la liaison et la séparation ou, pour employer ses propres termes, le pont et la porte[2]. Le

1. De manière révélatrice, Carl Schmitt, qui reproche à la pensée libérale d'ignorer le politique « pour se mouvoir dans la polarité caractéristique et toujours renouvelée de deux sphères hétérogènes », ne parvient pas à reconnaître le statut du parti qui assure pourtant le lien entre le public et le privé. Le parti reste pour lui l'obstacle à l'affirmation d'une véritable homogénéité alors qu'il contribue à l'affirmation des identités collectives. C. Schmitt, *La notion de politique*, *op. cit.*

2. Georg Simmel, *Brücke und Tür*, Stuttgart, Koehler Verlag, 1957. Cf. l'introduction de Julien Freund au recueil d'écrits de Simmel, *Sociologie et épistémologie*, Paris, PUF, 1981, p. 7-78.

pont exprime la liaison non seulement en ce qu'il unifie mais aussi en ce qu'il postule l'unité. La porte introduit la dissociation et la séparation dans l'unité continue et uniforme. Indépassable et perpétuel, ce mouvement d'association et de dissociation ne peut ouvrir sur une troisième forme, sur une position intermédiaire ou synthétique : il n'y a pas de place pour toutes les positions centrales qui rassemblent dans l'artifice les modérés des deux pôles.

Faute de tenir ensemble la porte et le pont, on ignore la vraie nature trinitaire du parti, l'interaction des trois éléments que la science politique a parfois considérés. Lorsque Frank J. Sorauf, parlant d'organisation tripartite, distingue l'association propre, le parti dans les assemblées et le parti dans l'électorat, il souligne l'unité d'un phénomène pris dans des logiques dissemblables et quelquefois opposées[1]. Dans cette interaction triangulaire, le rôle principal est tenu par l'organisation puisque c'est elle qui permet les rapports entre les représentés et les représentants et qui offre aux électeurs la possibilité d'articuler une volonté commune susceptible d'être traduite en actes et décisions. Pourtant c'est bien l'organisation qui constitue le point aveugle de tout le dispositif politique mis en place par la théorie moderne de la représentation et de la démocratie. L'organisation n'apparaît pas dans la conception libérale de la représentation qui ne connaît que le rapport entre l'électeur et l'élu et fonde sa théorie du mandat représentatif sur ce seul rapport. Elle n'apparaît pas non plus dans la

1. F. J. Sorauf, *Party Politics in America*, Boston/Toronto, Little, Brown and Co, 1984.

théorie démocratique de la représentation qui, pour atteindre l'unité du peuple et faire sourdre la volonté générale, tient les organes intermédiaires et les corps représentatifs pour de néfastes instruments de division et d'opacification du corps social. Elle n'occupe une place centrale que dans la conception léniniste où le parti, conçu comme incarnation de la classe, absorbe non seulement le représentant et le représenté mais aussi l'individu et le groupe, la société et l'État. Mais son statut légitime ne s'affirme alors que dans le dépassement de la représentation, dans l'effacement de la séparation des instances qui l'avait rendue nécessaire.

L'échec de cette dernière tentative rétablit dans toute sa pureté le modèle libéral qui n'a jamais pu vraiment s'accommoder de l'affirmation des organisations permanentes et structurées. Il éclaire aussi la fragilité de ce même modèle qui, par définition, ne peut donner forme à l'espace public, élément pourtant essentiel à son identité politique. Le pouvoir confère à la société sa visibilité[1] ; il exprime à la fois l'unité et la division interne de la société. Mais le pouvoir est aussi en démocratie inappropriable, il est un lieu vide que personne ne peut occuper dans la durée. L'espace public symbolise cette exigence dans la mesure où il garantit la circulation des pensées et l'indépendance des opinions, où il permet que s'expriment les deux dimensions du pluralisme que l'on a distinguées. Dans cette perspective, l'organisation permanente apparaît nécessairement comme une tentative dangereuse de réduire les incertitudes qui définissent la démocratie.

1. Cf. C. Lefort, *Essais sur le politique.* XIXe-XXe *siècle, op. cit.*

Elle est un absolu dans un modèle tout entier construit dans la référence au relatif.

Le parti organisé ne pouvait ainsi apparaître que comme un instrument difforme, mal accordé à l'ambition libérale. Quelle que soit la version, socialiste ou communiste, dans laquelle il s'exprimait, il traduisait toujours la même ambition de fondre le politique dans le social, d'incarner plutôt que de représenter. Avec lui, c'est la notion même d'espace public qui devenait illusoire. En ce sens, son échec rétablit bien dans sa pureté le dispositif libéral. Résout-il pour autant la difficulté de la démocratie à intégrer toutes les dimensions du pluralisme ? Il ne valait que par son projet de subversion des deux formes de pluralisme : le pluralisme horizontal puisqu'il aspirait à réconcilier et unifier la société, le pluralisme vertical puisqu'il niait la représentation et la valeur du pouvoir. En ce sens, il se voulait bien totalité. Mais dans sa version libérale, le parti n'offre pas une conciliation plus accomplie de la démocratie et du pluralisme. Le parti, on l'a dit, a été conçu comme un sas ou, pour reprendre l'expression de Simmel, comme un pont assurant le passage de la division à l'unité. Le pont disparu, ne reste plus que la porte ouvrant sur la libre confrontation de l'Un et du multiple.

INDEX

DES MÊMES AUTEURS

JEAN-MARIE DONEGANI

LES RAISONS DE VIVRE DES FRANÇAIS DE 20-40 ANS (avec Guy Lescanne), Centurion, 1982.

CATHOLICISMES DE FRANCE (avec Guy Lescanne), Desclée de Brouwer, 1986.

LA LIBERTÉ DE CHOISIR. PLURALISME RELIGIEUX ET PLURALISME POLITIQUE DANS LE CATHOLICISME FRANÇAIS CONTEMPORAIN, Presses de la Fondation nationale des sciences politiques, 1993.

MARC SADOUN

LES SOCIALISTES SOUS L'OCCUPATION. RÉSISTANCE ET COLLABORATION, Presses de la Fondation nationale des sciences politiques, 1982.

LA POLITIQUE SOCIALE DU GÉNÉRAL DE GAULLE (en codirection avec Jean-François Sirinelli et Robert Vandenbussche), Centre d'histoire de la Région du Nord, 1990.

DE LA DÉMOCRATIE FRANÇAISE. ESSAI SUR LE SOCIALISME, Gallimard, NRF Essais, 1993.

Composition Euronumérique
Impression S.E.P.C. à Saint-Amand (Cher),
le 18 août 1994.
Dépôt légal : août 1994.
Numéro d'imprimeur : 2069.
ISBN 2-07-032855-4./Imprimé en France.

69105